ブッシュよ、お前もか…

「新型戦争」を演出し、
経済再生を狙う
アメリカの覇権構想

増田俊男

風雲舎

はじめに

二〇〇一年九月一一日、米東部時間午前八時四五分（日本時間同日午後九時四五分）、ニューヨーク・マンハッタンにある、アメリカの富と繁栄の象徴ともいえる世界貿易センタービル・ノースタワーに、ハイジャックされたアメリカン航空一一便が乗員乗客九二人を乗せて激突した。続いて一八分後の午前九時三分、同ビル・サウスタワーにユナイテッド航空一七五便が六五人の乗員乗客とともに突入した。

その後、二棟は相次いで崩壊し、マンハッタン一帯は瓦礫の廃墟と化した。

情報が入り乱れるなか、今度はペンタゴン（国防総省）の五角形の建物の一角に、アメリカン航空七七便が六四人の乗員乗客とともに墜落、さらにもう一機のハイジャック機、ユナイテッド航空九三便が乗客乗員四五人を乗せてペンシルバニア州ピッツバーグ郊外に墜落した。

民間航空機をハイジャックし、乗客もろとも目標に突っ込むという手荒なテロに世界中が震撼した。

これこそ、私が昨年末から「いまに必ず起きる」と予言していた――私にとっては予定されている事実だったが――アメリカが望む第五次中東戦争、ひいては第三次世界大戦に導く事件の発生だった。

私はアメリカの大統領選挙の前から、「経済再生のために、アメリカは戦争をしなければならなくなる。そのためには、ジョージ・W・ブッシュを大統領にしなければならない。次の大統領になるのはブッシュだ」と断言してきた。

大阪の講演会では、「もしブッシュが当選しなかったら、皆様の前で切腹します」とまで言った。選挙戦はブッシュ対ゴア前副大統領の大接戦となり、後半になるとゴア優勢が伝えられた。しかし私は、必ずブッシュが当選すると言い続けた。そして、結果はいうまでもない。私が言ったとおり、ブッシュが第四三代大統領になった。

民主主義国家アメリカでは、世論の支持がなければ、絶大な権力をもつ大統領といえども戦争することができない。アメリカの歴史を振り返ってみると、アメリカが国益のためにどうしても戦争をしなくてはならないときはいつも、アメリカの世論は戦争反対だった。

私は、いまにアメリカはどうしても戦争をしなくてはならなくなるから、かつての日本の真珠湾攻撃のように、多数のアメリカ人が殺される事件が起きるに違いないと言ってきた。そのときこそ、「アメリカは戦争に踏み切るだろう……」と。

そして、戦争は一種の経済政策なのだと解説した。

そして、ついにニューヨークとワシントンの同時多発テロが起きた。

とうとう私のシナリオが現実になった。

はじめに

九月一二日（日本時間）、私のホームページ（http://masuda.luvnet.com）が属しているサーバーは一日中完全にパンク状態だった。「先生の言うとおりになりましたね。これから世界は、日本はいったいどうなるのでしょうか……」という問い合わせが相次いだ。電話もファックスも不通状態、翌日一三日になってやっと正常に戻った。

これだけは言っておかなければならない。アメリカが戦争という選択をせざるをえなくなった原因は日本にあるということを……。

本書では、第一章でアメリカの戦争政策を歴史的に検証し、第二章で世界を動かす根本原理が「資本の意志」から「支配の意志」に大きく変わりつつあることを述べ、第三章で日本が一〇年を超える不景気のなか、無為無策を続けたためにアメリカを戦争に追い込んでしまった事実、第四章でこの戦争政策で、今後日本および世界経済がどうなっていくのかについて述べてみたい。

二〇〇一年一〇月三日

増田俊男

ブッシュよ、お前もか……——【目次】

◉はじめに——1

第一章◉アメリカの戦争は経済政策だ
景気対策のために人殺しをいとわない謀略の大国

◉「国益」のために戦争政策をとらざるを得ないアメリカ——12
「リメンバー・アラモ」から始まった戦争へ向けた世論操作——14
自作自演の大爆発をきっかけに大海洋帝国への足掛かりを得たアメリカ——17
アメリカの景気浮揚策に利用された第一次世界大戦——21
世界大恐慌は、いまのアメリカのような株式バブルの崩壊から始まった——24

景気刺激で金融恐慌脱出に成功したニューディール政策――27
財政政策はリセッションに効果なく再び戦争政策を選択――30
ヨーロッパ戦線に参戦するためのダシにされた日本の真珠湾攻撃――32
国益追求の壁となる世論を変える政治テクニック――37
日本人には理解できないアメリカの民主主義の本質――39
ベトナム戦争で暴露された大統領の世論操作――42
イラクのクウェート侵攻をわざと誘ったアメリカの戦略――44
冷戦の終結による不景気を湾岸戦争で乗り切った前ブッシュ政権――48
「やらせ」ででっち上げ証言……嘘の報道で世論操作する手口――50
アメリカはイスラム各国に宣戦布告したも同然――52
テロ計画の全容をつかみパキスタンの情報を握り潰したCIA――57
イラク軍のミサイルで第五次中東戦争が始まる――64
イスラエルがどうしても避けたかったオスロ合意の実現――66

第二章◉「支配の意志」が世界を動かす

自由なマネー経済の時代から力が支配する時代へ

世界各国で次々誕生する右派政権は何を意味するのか――72
「資本の意志」から「支配の意志」へ時代は大きな転換期を迎えた――75
自由を保障することによって「資本の意志」を呼び込んだアメリカ――77
ブッシュ政権誕生とともに世界中で平和と逆のベクトルが働き始めた――79
アメリカの政治と経済はやくざと詐欺師で成り立っている――83
まさに戦争以外に考えられないブッシュ政権の顔ぶれ――86
中東とアジアの緊張感を維持するアメリカの新「二正面戦略」――90
中東の「戦争」へ向けた工作はクリントン時代から進められていた――94
「サダム・フセイン＝悪」のイメージづくりにまんまと成功した制裁緩和提案――98

ＮＭＤ構想で狙いどおりアジアの緊張を高めたブッシュ政権――102
ロシア空軍の日本領空侵犯はアメリカへのデモンストレーション――106
対米を軸にして中ロの軍事同盟に北朝鮮が追随することになった――108
アメリカの戦略で絶妙な均衡を保つ中台軍事バランス――110
アメリカの戦争政策が軍事大国ロシアを蘇らせる――114
「集団的自衛権を行使するのか」世界中から注目される日本の決断――117
日米関係を意図的に悪化させるアメリカの狙い――120
ここまでするのか！　アメリカの日本挑発政策――122
ディズニー映画「パールハーバー」は反日感情高揚のためにつくられた――125
アメリカの軍事的覇権に欠かせない日本の集団的自衛権行使――128
アメリカの国益のために軍事大国・日本が必要になる――130
米軍事戦略の次の布石……アメリカが日本の仮想敵国になる――133

第三章◉アメリカを戦争に追い込んだ日本

◉日本の無為無策が世界経済再生のチャンスを潰した◉

不良債権を処理しても日本の景気は回復しない――140
資本主義の原則を無視した小泉構造改革は間違いなく失敗する――144
小泉首相が担う歴史的な役割……スケープゴートとなって責任を負う――147
日本は、世界経済を再生させる二度のチャンスを逃してしまった――149
アメリカは景気停滞で実体産業の活力が殺がれてしまっている――154
日本の量的緩和によってアメリカ市場は再生する――157
世界中の資金を集めたクリントンのマネー戦略――160
どうして金利が上げられないのか……いまこそ発想の転換が必要だ――163
なけなし一〇兆円の景気刺激より世界の投機資金を呼び込め――165

日本の箱庭的発想が経済回復の足枷となっている――168
グローバル経済では国家の力はマーケットに太刀打ちできない――171
アメリカの繁栄の方程式はもはや無力となってしまった――173
日本はマネー立国たる条件を世界で一番備えた国だ――176
経済再生の道が閉ざされたアメリカが自らの手で進めざるを得なくなった政策――184

第四章◉日本はマネー経済で大復活する

円高、高金利で日本は新たな繁栄の時代を迎える

日本のいまのデフレは一九七一年から始まっていた――192
グローバル経済下ではインフレは心配する必要がない――196
ここまできてもわからないのか……小泉首相は政治家失格だ――198
マーケットを無視する小泉内閣はマーケットに潰される――202

ＩＭＦの金融審査を受け入れた柳沢金融担当大臣の政治家的才覚――206
これでアメリカはいつでも好きな国と戦争できる――210
世界の半分を支配していたアメリカが同時多発テロですべてを支配する――213
すし詰め状態の債券市場から資金が解放されるときがきた――218
日本の株価回復もまずは軍需産業株から――223
日本版４０１ｋ、ペイオフ解禁で個人の資金が株式市場に流れ込む――226
円高、株高、金利高――日本経済は二〇〇二年に復活する――229
マネー立国の大本命として日本はいまこそ立ち上がれ――232
不思議の国ニッポンはどこへ行こうとしているのか――235

装　幀――川畑　博昭
編集協力――(株)エディックス

第一章◉

アメリカの戦争は経済政策だ

景気対策のために人殺しをいとわない謀略の大国

「国益」のために戦争政策をとらざるを得ないアメリカ

世界貿易センタービル、ペンタゴンへの同時多発テロによって、アメリカはかねてからの希望どおり戦争状態に突入することになった。これで、アメリカの経済再生は約束されたも同然である。そして、この戦争は、ブッシュ大統領がアメリカ経済再生のために選択した手段である。

こう言っても、読者のなかには、戦争が本当に経済政策なのか、経済を再生するために人殺しをするようなことがあるのか、と疑問に感じておられる方もいるに違いない。

「そんな物騒な人物が大統領になるとはけしからん、早くクリントンのような平和な人間に替わってくれ」そう思う人がいるかもしれない。

しかし、別にブッシュ大統領が戦争好きで、クリントン前大統領が平和好きなわけでもない。クリントン前大統領はマネー戦略を遂行するために平和が必要だっただけで、ブッシュ大統領の国益の追求の仕方が異なるだけのことである。

この二人に共通しているのは「国益」という目的である。これは、別にこの二人だけが特別なのではない。平和か戦争か、国益を第一に判断するのが政治家なのである。

つまり、平和も戦争も、どちらも国益のための手段であって、平和が目的なわけでも、戦争が目的なわけでもない。ここが日本人にはわかっていないから、世界の政治が理解できないのだ。日本の政治家には、こうした国益意識が欠けている。

そこで本章ではまず、アメリカがなぜ国益のための手段として戦争を選ばなければならなかったのか、これまでどのようにして戦争をしてきたのか、検証していくことにする。

ただし最初に断っておきたいのは、アメリカがかかわった戦争のすべてが、経済政策の一環として、すなわち国益のための手段として行われた戦争ではないということである。

たとえば、朝鮮戦争とベトナム戦争の二つの大きな戦争については、その原因が冷戦下における共産主義化阻止という点で一致しており、これらは経済政策というより、イデオロギー色の強い戦争である。

ここではアメリカの戦争のうち、明らかに経済政策として行われた戦争について述べてみたいと思う。すなわち、第一次世界大戦、第二次世界大戦、そして湾岸戦争の三つである。

また、アメリカ建国後、最初の対外戦争となったテキサス独立戦争と、その次の米西戦争には、後にアメリカが戦争をする際に必ず使う「裏技」ともいうべき手口が隠されているので、ともに戦争にいたるまでの経緯とその結果について、簡単に紹介しておきたい。

ちなみにこの二つの戦争は、一九世紀における世界の常識であった植民地政策に、新興国アメリカが追随したために起こった戦争である。

本章では、年代順にアメリカの戦争を振り返ってみることにしたい。

「リメンバー・アラモ」から始まった戦争へ向けた世論操作

ではまず最初は、テキサス独立戦争である。

この戦争は、ジョン・ウェイン主演の映画「アラモ」の題材にもなっているので、ご存じの方も多いだろう。アラモ砦の戦いにおける自己犠牲の精神は、「アメリカの魂」といわれ、この戦闘で最後まで戦い抜いたテキサス義勇軍のウイリアム・バレット・トラビスやデビッド・クロケットなどは、アメリカ人なら誰もが知っている英雄である。

しかし実際には、美談として語られるような話ではない。

この戦争が起こった一九世紀は、イギリス、フランス、スペイン、ポルトガルといったヨーロッパ諸国が、世界各地で植民地の支配権を争っている、いわゆる帝国主義の時代だった。当時のアメリカは一七七六年にイギリスの支配下から独立したばかりの新興国だったが、こうしたヨーロッパ諸国の動きに負けじと、領土拡大に熱心に取り組んでいた。

一九世紀前半、現在のアメリカ・テキサス州がまだメキシコ領だったときの話である。

アメリカ初のメキシコ公使ジョエル・ポインセットは、アメリカ政府の命令により、任地で反政府勢力の育成に力を注いでいた。彼らに反乱を起こさせて独立させ、そこに介入して植民地にしようというたくらみである。

しかし、彼の動きはメキシコ政府の知るところとなり、国外追放されてしまうこととなる。

そこでアメリカは、メキシコ領テキサスの独立をたくらむ。

一八二一年にスペインから独立したメキシコは、国力を高めるために、積極的に移住者を受け入れる政策を打ち出していた。そこで、この政策に乗じてアメリカは、当時のアメリカ国境と接していたテキサスに、大量のアメリカ移民と彼らが連れてきた奴隷を入植させた。

予想をはるかに上回る数の移民流入に驚いたメキシコのビセンテ・ゲレロ大統領は、それ以上の移住を阻止するため、一八三〇年四月、アメリカ人の移住禁止と奴隷制の廃止を定めた法律を制定する。

しかしこれは、アメリカにしてみれば予定どおりの動きだった。

一八三五年、テキサス在住のアメリカ人は、自治権を求めて独立運動を起こす。

ゲレロ大統領は、これを制圧すべく、サンタ・アナ最高司令官に三〇〇〇人の兵を率いさせ、テキサスの都市サン・アントニオに派遣した。

これに対してテキサスの義勇軍は、サン・アントニオのはずれにあるアラモ砦に立てこもった。その数わずか二〇〇人足らず。義勇軍は善戦したものの、兵力の圧倒的な差の前に全滅を余儀なくされる。

しかし、アラモ砦の陥落から四六日後、アメリカから、テキサスの独立を助けるという名目で軍隊が派遣されることになった。

「リメンバー・アラモ」をスローガンに、サム・ヒューストン将軍の下に集まった独立軍は、あっという間にメキシコ軍を壊滅させてしまった。これによりテキサスは独立を勝ち取り、ヒューストン将軍を大統領に選出し、テキサス共和国が誕生した。

アメリカはこの勝利の後、一八四六年に再びメキシコへ侵攻した。「尊厳を傷つけられた」という理由である。この理由はなんでもよかったに違いない。口実が必要だっただけのことである。

アメリカはこの戦いにも勝利を収め、カリフォルニア、ニュー・メキシコなど、北米大陸南西部一帯をメキシコから奪取した。当時のメキシコの国土のおよそ五二パーセントに当たる領土である。これにより、アメリカは、ほぼ現在の国土を手中にした。

しかも、独立を求めて戦ったはずのテキサス共和国は、一八四五年にアメリカに対して奴隷州の一つとして統合してほしいという申請を出して承認され、テキサス州となったのである。

「クリスマスの花」として知られるポインセチアは、ポインセット公使がアメリカへ帰国するときにメキシコから持ち帰ったノチェブエナという花に、彼にちなんでその名が付けられたものである。世界的に通用する名前だが、メキシコではいまでも決してこの名前を使わないという。

この戦争で興味深いのは、「リメンバー・アラモ」という合言葉が使われていたという点である。日本では「リメンバー・パールハーバー」という言葉は知られているが、これがアラモの戦いから使われていた事実は意外に知られていない。そして、このスローガンこそ、戦争へ向けた国論統一、世論操作のシンボルなのである。

自作自演の大爆発をきっかけに大海洋帝国への足掛かりを得たアメリカ

次は、米西戦争である。

米西戦争の事の発端は一八九五年、当時スペインの植民地だったキューバで起こった独立運動である。

キューバには、そのころすでに多額のアメリカ資本がつぎ込まれ、多くのアメリカ人が移り住んでいた。アメリカは、このキューバの動向に非常な興味をもっていた。そして、彼らの関心をひいたのが、その当時、印刷技術・製紙技術の発展にともない急速に広まった新聞だった。

なかでも、ジョセフ・ピューリッツァーの『ワールド』とウイリアム・ハーストの『ジャーナル』の両大衆紙は、センセーショナルな記事を売り物にして、部数獲得競争を激化させていた。

両紙は連日、スペインがいかに苛烈な弾圧を行っているかを報じていたが、なかにはまったくのでっち上げ記事もあったという。

アメリカ国民のキューバに対する同情心と、スペインに対する敵愾心は、新聞の煽動記事によっていやがうえにも高まっていった。

アメリカも、当時「世界の砂糖壷」といわれ、サトウキビの生産量世界一を誇るキューバへの影響力をさらに高めるため、この問題に積極的に介入するようになる。

そして一八九七年二月、アメリカは、キューバのハバナで起こったキューバ人暴動に際し、アメリカ人を保護するという名目で、戦艦メイン号を派遣した。

ところが翌年二月、ハバナ港に停泊していたメイン号が突然大爆発を起こして沈没、二六〇人のアメリカ兵が死亡した。

爆発の原因は不明だったが、アメリカはこれをスペインの謀略だと決めつけた。新聞もあたかもスペイン人の工作による爆発であるかのように書きたてたため、アメリカ国民のあいだに「リメンバー・メイン」というスローガンが広まり、国内は「反スペイン」一色となった。

こうした世論が盛り上がるのをみた議会は、当時の第二五代大統領ウイリアム・マッキンレーに軍事行動を起こす権限を与える（九月一一日の同時多発テロ後、アメリカ議会はブッシュ大統領に同じ権限を与えた）。

スペインもアメリカに宣戦布告してこれに応じたため、一八九八年四月、ついに米西戦争が始まった。

ところが、開戦の緒が切られたのはなぜかキューバではなく、これも当時スペイン領だったフィリピンのマニラ湾だった。

当時のアメリカには、太平洋地域へ版図を拡大するという大目標があった。アメリカは、この戦争を利用してスペイン領のグアムやフィリピンをも奪取しようと目論んでいたのである。

そのため、宣戦布告がなされる一カ月以上も前に、アメリカ海軍のアジア艦隊は、フィリピンのスペイン海軍と対峙すべく、すでに香港で待機していたのである。

アジア艦隊は開戦から一カ月後の五月にはスペイン海軍を破り、マニラを占領してしまった。一方、キューバでもスペイン軍を蹴散らしたアメリカは、同じくスペイン領であったプエルトリコまでも占拠し、八月には早々に休戦が成立した。

結局、スペインはキューバを放棄することとなった。のみならず、キューバ問題とはまったく無縁のプエルトリコやグアム島までも、スペインはアメリカに割譲せざるをえなくなった。フィリピンはいったん独立したものの、後にアメリカの領有となる。

これにより、アメリカは太平洋一帯にその領土を広げることに成功した。キューバが自らの独立を求めて戦った結果、得たものといえば、宗主国がスペインからアメリカに変わったぐらいのものだ。その一方でアメリカは、スペインとの戦争に勝利したことにより、広大な海洋帝国への足掛かりを得ることにまんまと成功したのである。

アメリカは、開戦から七〇年以上も経った一九六九年、メイン号爆発の原因はエンジンの故障によるものだったと発表したが、アメリカの自作自演である疑惑はいまだに根強く残っている。

いずれにせよ、スペインの謀略であるという説は、戦争のきっかけがほしかったアメリカ自らがつくりだした、根拠のないデマであったということである。

また当時のアメリカでは、この米西戦争のニュース映画が上映され、大ヒットした。この映画のクライマックスは、アメリカ艦隊がスペイン艦隊を見事に撃沈するシーンで、これをみた観客は大喜びしたという。

ところが、この映画はニュース映画ということになっていたが、当時、戦場の最前線での撮影は許されていなかった。当然、この海上戦の撮影も許可されなかった。そこで知恵を絞った映画会社は、アメリカ艦隊とスペイン艦隊のミニチュアをプールに浮かべて撮影したという。そうと知らないアメリカ国民は、本物の映像だと思い込んで大喜びしたのである。

その意味でこの米西戦争は、後にアメリカが戦争を開始する際、必ずといっていいほど用いる「メディア操作」が最初に使われた戦争であるともいえる。

アメリカの景気浮揚策に利用された第一次世界大戦

次は、一九一四年に始まった第一次世界大戦である。この戦争こそ、アメリカが最初に経済政策として本格的に利用した戦争である。

第一次世界大戦は、イギリス、フランス、ロシアなどを中心とする連合国と、ドイツ、オーストリアなどが中心の同盟国の戦いだった。世界大戦という名がついているが、実際にはヨーロッパ地域に限定された局地戦争だった。

アメリカが、この戦争に直接参戦することによって得られるメリットは何もない。また、当時のアメリカは、第五代大統領ジェームズ・モンローが唱えたモンロー主義、すなわち他国の問題にはできるだけ関与しない「孤立主義」を堅持していた。

そのため、ヨーロッパで戦争が勃発したとき、アメリカの第二八代大統領トマス・ウッドロー・ウィルソンは中立のスタンスをとっている。当然、国内世論も「関与せず」で一致していた。

しかし、アメリカはこの戦争を、何もせずに指をくわえてみていたわけではない。

当時のアメリカ経済は景気の後退期にあり、本格的なリセッションに突入しようかという状況だった。

ちょうど、いまのアメリカと同じである。

そこでウィルソン大統領は、この戦争を自国の景気回復の好機ととらえた。イギリスやフランスに巨額の貸付けを行い、さらには大量の軍事物資を両国へ輸出することで、莫大な利益を得たのである。

それだけではない。開戦後、ヨーロッパ各国の民間企業からアメリカに対する直接投資が急増した。ヨーロッパの戦火を避けて、安全なアメリカへ資産を移動させる動きが活発になったためである。

この好景気を持続させるため、アメリカは戦争を長期化させる手段をとった。表向き中立の立場をとりつつ、裏では英仏両国に対し、「アメリカはいつでも参戦して連合国側につく用意がある」という主旨の発言を繰り返し行っていた。

戦況は必ずしも連合国側に有利だとはいえない状況だったが、アメリカが参戦してくれさえすれば勝てると踏んだ英仏両国は、ドイツに対して徹底抗戦を貫くことになった。

こうして、開戦当初は半年程度で終結するのではないかとみられていたこの戦争は、一転、長期化の様相を呈し始める。

おかげで、沈滞ムードの漂っていたアメリカ経済は一気に息を吹き返した。あとは適当なところで仲裁に入り、終戦に持ち込もうと目論んでいたウィルソン大統領だったが、ここで思わぬ誤算が生じる。

一九一五年五月、イギリスの定期客船ルシタニア号が、アイルランド沖でドイツの潜水艦により撃沈され、乗員乗客一一九八人全員が死亡した。このなかに、一二八人のアメリカ人が含まれていたのである。

このドイツの攻撃は、世界中から非難を浴びることになる。中立国の乗客を乗せた非武装の客船は、攻撃対象外とされていたからである。

ところが後の調査で、このルシタニア号は単なる客船ではなく、禁制品である軍事物資を積み込んだ輸送船だったことが判明している。

一説によるとこの事件は、なかなか参戦に踏み切らないアメリカに業を煮やしたイギリスが、アメリカ国民の対独感情を悪化させるため、わざとドイツ潜水艦の待ち受ける海面に誘導し、撃沈させたのではないかともいわれている。

真偽のほどは定かではないが、いずれにせよ、大戦を単に自国の経済回復策の道具としかとらえていなかったアメリカは、この事件をきっかけに、一転して参戦するかどうかの選択を迫られることになった。

ドイツがこの無制限潜水艦作戦の自粛を発表したため、一度は参戦を思いとどまったアメリカだったが、一九一七年に入り、食糧事情の悪化によって追いつめられたドイツが無制限潜水艦作戦を再開したため、アメリカ国内には「参戦やむなし」の声があがり始める。結局、アメリカは、一九一七年四月にドイツに宣戦布告することになった。

この参戦がアメリカにとっていかに不本意なものであったかは、終戦後にウィルソン大統領が提案した国際連盟への参加を、あくまでも孤立主義を貫き通そうとした議会に拒否されたことからも明白である。

しかしこの戦争を通じて、世界は、政治的にも経済的にもアメリカ抜きでは成り立たなくなる。大戦終結後、アメリカはおよそ一〇〇億ドルという当時としては破格の債権国にのし上がることになった。

これ以降、アメリカが世界を牛耳る時代が始まるのである。

世界大恐慌は、いまのアメリカのような株式バブルの崩壊から始まった

第一次世界大戦後の未曾有の好景気に沸き返っていたアメリカ経済を牽引したのが、ウォール街を中心としたいわゆる金融マーケットだった。

もちろんそれ以前から、株式市場をはじめ金融マーケットは存在していたが、規模はまだまだ小さかった。鉄道王エドワード・ハリマンなど、ごく一部の限られた大金持ちだけが、

投機目的で参加していたにすぎなかった。

ところが、第一次大戦後、「黄金の二〇年代」と呼ばれたこの時代に、自動車産業や電機産業、さらには航空機、映画といった、当時のニューエコノミーが目ざましい発展を遂げることとなる。

自動車産業ではフォード、ゼネラル・モーターズ（GM）、クライスラーのいわゆるビッグスリーが確固たる地位を占め、また電気の普及で家庭用品が次々と電化されたため、ゼネラル・エレクトリック（GE）やウェスチング・ハウスなどの電機産業がアメリカの主力産業に成長していった。

こうした新興企業の登場がアメリカの株式市場を牽引し、株式投資ブームが花開くことになる。これにより、それまで「富豪の遊び場」でしかなかった株式市場に、一般庶民が一斉になだれ込み、株価の高騰に一層拍車がかかることになった。

街には次々と証券会社の支店ができ、工場労働者などのいわゆるブルーカラーに従事する人までもが、株式投資に夢中になった。

当時、高名な経済学者たちは、「国民全員が株式をもつことによって、繁栄がもたらされる」などと、口々に株式ブームを煽ったという。誰もが右肩上がりの成長を疑わなかった。二〇〇〇年まで、ニューエコノミーに沸いたアメリカによく似ている。

しかし、終わりは突然やってきた。

一九二九年一〇月二四日木曜日、株式市場は寄り付きから売り一色となった。株価はみるみる下落した。過去に例をみない下げのスピードに慌てた多くの投資家が、「いくらでもいいから」と売りに殺到した。

しかし、いつもの三分の一の価格で売り注文を出しても、いっこうに買い手は現れない。正午を過ぎて、有力銀行の首脳がJ・P・モルガン本社に集まり、株価安定のための買い資金を供給し、ようやく落ち着きを取り戻した。

その結果、当日のダウ工業平均株価の終値は前日をわずか六ドル下回る二九九ドルまで回復したが、出来高はおよそ一三〇〇万株、通常の三倍以上になった。

この日、一〇人以上の金融業者が破産して自殺したという。

しかし、株価の安定は一時的なものでしかなかった。翌週に入り、再び株価は暴落を始める。一〇月二八日火曜日のダウ平均は、前日比三八ドル安の二六〇ドルをつけた。過去最高の下げ幅を記録したのである。

もはや、打つ手はなくなった。翌二九日火曜日、市場に再び売り注文が殺到した。取引開始からわずか三〇分間で三〇〇〇万株以上が売られる異常事態となり、ダウ平均は三〇ドル安の二三〇ドルまで下落した。

これが後に「暗黒の木曜日」、「悲劇の火曜日」と呼ばれるウォール街の大暴落である。この暴落が世界中に波及し、世界大恐慌へと突入することになる。

株価の下落はその後も続き、三二年にはダウ平均がわずか四二ドルにまで下がってしまった。

これに対し、当時のアメリカ第三一代大統領ハーバート・フーバーは、「もう大丈夫、もう大丈夫」と繰り返すばかりで、なんら有効な策を打ち出すことができず、事態はますます悪化することになった。

アメリカのGNP（国民総生産）は、ピーク時の二九年と比較しておよそ六〇パーセントも減少し、失業者は一二五〇万人に達した。これは平時の労働人口のおよそ二五パーセントに当たる。四人に一人は職がない事態になったのである。

景気刺激で金融恐慌脱出に成功したニューディール政策

アメリカ経済がまさに崩壊の危機に直面していた一九三三年、「アメリカ国民にニューディール（新規まきなおし）を約束する」と言って大統領に就任したのが第三二代大統領フランクリン・ルーズベルトである。

就任直後から積極的に動いたルーズベルト大統領は、まず金融恐慌を抑えるために、大統領就任からわずか六日後に緊急銀行法を施行した。全国規模での銀行閉鎖を行い、健全な銀行には政府資金を貸し付けて営業を再開させた。

その一方、連邦預金保険公社を設立し、当時の一般労働者の年収の二倍を上回る二五〇〇ドルまでの預金を保護した。これにより、前の年に一年で四〇〇〇件を超えていた銀行破産は五七件にまで激減した。

次に、膨れ上がった失業者に対する救済策として連邦緊急救済法を制定、失業者の救済と経済復興を結び付ける公共事業庁を新たに設立し、政府資金の導入によって民間企業の活力回復を図った。

また、資源保存市民部隊を創設し、一七歳から二四歳までの青年を国立公園の整備作業に従事させた。これは失業者を減少させると同時に、環境保護にも役立った。この手法は、ニューディール政策の失業者対策の特徴である。有名なテネシー川流域開発公社（ＴＶＡ）も、この主旨に沿って設立されたものである。

これ以外にも、ルーズベルト大統領は積極的な公共事業を推進し、一九三四年には公共事業だけで四〇〇万人もの雇用を創造している。

公共事業以外の政策としては、労使双方の組織力強化を図った全国産業復興法（ＮＩＲＡ）の制定があげられる。反トラスト法（日本の独占禁止法にあたる）の適用を停止し、価格規制や生産制限ができるようにして産業の組織化を促進する一方、労働者の団結権や団体交渉権を保障して、労働者の組織力強化を図った。

しかし、当時、不況の波をもっとも大きくかぶっていたのが農業である。第二九代ウォーレン・ハーディング、第三〇代カルビン・クーリッジ、第三一代ハーバート・フーバーと三代続いた共和党政権下の好況により、膨大な量の資金が株式市場に流れ込んだ。しかし農業は、こうした都市部の繁栄を享受することができず、株式市場よりひと足先に不況への道を歩んでいた。

株価が暴落した後もこうした状態は放置されたままで、株取引にいっさい縁のなかった農民たちが、この不況の煽りを受けて自殺に追い込まれることになった。その意味で、ウォール街大暴落の一番の被害者は農民だといってもいいだろう。

ルーズベルトは、この農業にも抜本的改革に向けてメスを入れた。まず、農場信用法を制定して農民への低利長期融資を実現するとともに、政府資金で農産物を買い上げて、農産物価格の維持を図る農業調整法（ＡＡＡ）を制定したのである。

少々うんざりするほど、制定や設立という言葉が並んだが、ルーズベルトはこれらを就任からわずか一〇〇日で成し遂げ、その強い指導力をみせつけた。

これ以降、アメリカの歴代大統領は、就任から最初の一〇〇日間でいかに指導力、実行力を発揮できるかが重要視されるようになった。どこかの国の首相のように、就任から半年経っても平然と、「具体的なことはこれからだ」と言っているようでは、あっという間に指導者失格の烙印を押されてしまう。

これこそ、先に紹介したように、景気刺激策によって不況脱出に成功した好例である。

財政政策はリセッションに効果なく再び戦争政策を選択

ニューディール政策の成功により、フランクリン・ルーズベルトは二期目の大統領選でも圧勝し、第二次ニューディール政策に着手することになった。

二期目を勝ち取ったばかりの一九三七年は、ちょうどリセッションの時期に差しかかっていて、今度ばかりはさすがのニューディール政策も効果が表れなかった。

雇用の促進が主だった第一次ニューディール政策に対し、第二次ニューディール政策は社会保障の充実と税制の改正を主目的にしていたため、景気後退の流れを食い止めるには不十分だったのである。

一九三八年になると、アメリカ経済は再び本格的な不況に見舞われる。株価も、前回の大恐慌の発端を彷彿とさせるような猛烈なスピードで下がり始めた。

世界に目を向けると、第一次大戦の敗北による莫大な賠償金債務と世界恐慌による不況というダブルパンチを食らって瀕死の状態だったドイツに、アドルフ・ヒトラーのナチスが率いるドイツ第三帝国が成立している。またイタリアでは、ベニート・ムッソリーニのファシズム政権が台頭し、日本では軍部が政治を掌握して、アジア大陸への侵攻を続けていた。

そして、一九三九年九月に、ドイツがポーランドへ侵攻し、第二次世界大戦が勃発する。ルーズベルト大統領は、この戦争を兵器の供給によって景気を回復させる絶好の機会ととらえた。第一次世界大戦のときのウィルソン大統領の例があったからである。

ルーズベルト大統領は、最終的にはこの戦争に参戦する肚を固めていた。ナチス・ドイツの侵攻はすさまじく、開戦直後からヨーロッパ諸国を次々制圧征服していった。前回の大戦同様、イギリス軍もフランス軍もあっけなく破れ去った。

一刻も早く参戦しなければ、世界中がナチスによって征服されてしまう。しかし、この期に及んでも、まだアメリカ国民の世論は、八八パーセントが参戦反対だった。そのためルーズベルトは、段階を踏んで徐々に戦時体制に移行する準備を始めた。

まず最初に、「アメリカは参戦しないが、民主主義を守るために連合国を援助する」という名目で、第一次政権時代の一九三五年に自ら制定した中立法を改定し、武器の輸出を可能にした。

一九四〇年の大統領選挙では、決してヨーロッパの戦争には巻き込まれないという公約を掲げてアメリカ史上初の三選を果たすが、もはやルーズベルトに中立を貫こうという意志などなかった。同年末には、「アメリカが民主主義の兵器廠になる」と宣言し、翌年には連合諸国に必要物資を提供する武器貸与法を成立させた。

また、「中立」の解釈を最大限に拡大し、大西洋の巡視も開始している。あとは、直接の軍事行動を残すばかりとなった。

ヨーロッパ戦線に参戦するためのダシにされた日本の真珠湾攻撃

ヨーロッパの対独戦に参戦するために、ルーズベルト大統領は、国内世論を戦争支持に誘導しなければならなかった。

そこで狙われたのが日本である。

アメリカが国内世論を統一して、堂々とこの戦いに参戦するためには、日本が卑怯な手段でアメリカを攻撃してくれればいい。そうすれば世論は一気に参戦へと盛り上がるだろうと考えたのである。

では、ルーズベルトはどんな手を使ったのか――。

参戦に至るまでのシナリオについては、『真珠湾の真実――ルーズベルトの欺瞞の日々』（ロバート・スティネット著、妹尾作太男監訳、文藝春秋社刊）に詳しいので、ここでは真珠湾攻撃直前のアメリカの行動について述べておくにとどめよう。

アメリカは、日本生まれで日本育ちの海軍少佐、アーサー・H・マッカラム海軍情報部極東課長のシナリオ「戦争挑発行動八項目覚書」に従って日本を追い込んでいった。これは、文字どおり日本を対米戦争に巻き込むための八項目からなる対日挑発行動を示したものである。

マッカラム少佐は、「現在の世論の状況からは、さらにより多くの騒動が発生しないかぎり、米国政府が対日宣戦布告を出来るとは思えない。われわれの積極的な動きにより、日本が態度を変更することはほとんどない。従って、次の施策八項目を提案する」として、次の八項目をあげている（前掲書より）。

（A）太平洋の英軍基地、特にシンガポールの使用について英国との協定締結。
（B）蘭領東インド（現在のインドネシア）内の基地施設の使用及び補給物資の取得に関するオランダとの協定締結。
（C）蔣介石政権への、可能なあらゆる援助の提供。
（D）遠距離航行能力を有する重巡洋艦一個船隊を東洋、フィリピンまたはシンガポールへ派遣すること。
（E）潜水艦隊二隊の東洋派遣。
（F）現在、ハワイ諸島にいる米艦隊主力を維持すること。
（G）日本の不当な経済的要求、特に石油に対する要求をオランダが拒否するよう主張すること。
（H）英帝国が日本に押しつける同様な通商禁止と協力して行われる、日本との全面的な通商禁止。

まさに、日本を宣戦布告に追い込むＡＢＣＤ（アメリカ、イギリス、中国、オランダ）包囲網形成のシナリオである。

そして、一九四〇年四月、訓練のためハワイへ駐留したアメリカ太平洋艦隊に対し、そのままハワイにとどまれとの指示が出た。

事情を知らない太平洋艦隊の中将ジェームズ・Ｏ・リチャードソン提督は、満足な訓練施設も補給施設もない真珠湾に駐留を続けることは危険であり、さらにこれは日本を威嚇することにもなって無謀な行為だから、本来の母港である西海岸へ戻すように要求した。

しかし、日本を挑発することにそもそもの狙いがあるのだから、当然受け入れられるはずがない。結局、リチャードソン提督は、一九四一年二月に更迭されることになった。後任の提督には、ハズバンド・Ｅ・キンメル大将が指名された。当然、キンメル大将も何も知らされていない。

唯一の原油供給国オランダの禁輸通告を受け、完全に追い詰められた日本は、一九四一年一〇月までに対米開戦やむなしの声が多数を占めるようになっていた。そして、山本五十六提督は、開戦の場合まず真珠湾を叩くという戦略を固めていた。

この情報は、すぐにアメリカにつかまれた。コーデル・ハル国務長官は、マッカラム少佐に、日本が真珠湾攻撃を計画していることを伝えた。もちろんそんなことは百も承知のマッカラム少佐だったが、キンメル提督には、「この『うわさ』は信憑性がない」と伝えている。

一九四一年一〇月、日本はそれまでオランダから購入していた石油を、アメリカの手によって止められてしまった。一〇月に最後の石油をオランダから受け取った日本のタンカーは、いったん呉軍港に入り、その後は真珠湾へと向かう戦艦の補給船として同行していた。ところがこのタンカーには、オランダで無線探知機が仕込まれていたのだ。当然、アメリカからの要請によって仕込まれたものである。

そのためこのタンカーの動きは、アメリカに一〇〇パーセント探知されてしまっていた。

一九四一年一一月二五日、日本海軍の第一航空艦隊が真珠湾に向けて出発したのを確認したアメリカは、すべての艦船に対し、北太平洋の航行を禁じる、という指示を出した。

何も知らされていないとはいえ、キンメル提督もやはり軍人である。「どうもおかしい」と感じた彼は独断で、日本の海軍の動きを探るために、偵察用の艦船を「演習」と称して北太平洋に配置した。しかし、海軍本部はキンメルに対し、この艦船を戻すよう命令している。

翌二六日、キンメル提督は、ミッドウェイへ航空機を輸送するため、真珠湾に停泊中の空母二隻を移動するよう命じられた。二隻の空母が一九隻の新鋭艦とともに真珠湾を出発すると、後に残ったのは、いつ引退してもおかしくない老朽艦ばかりとなった。

一二月六日午後三時、日本の宣戦布告文が、暗号のかたちでワシントンの日本大使館に送信された。これは、アメリカに傍受・解読され、同日午後九時三〇分にはこの電文の内容がルーズベルト大統領に報告された。

ルーズベルト大統領の側近のなかには「迎撃すべし」という意見を述べる者もあったが、もちろん大統領が受け入れるはずがない。

そしてついに、日本の攻撃が始まった。およそ二時間にわたって続いた攻撃によって、太平洋艦隊は艦船一六隻が大破、航空機一八八機が破壊された。死者は二二七三人、負傷者は一一一九人にも上ったが、もちろん誰一人この空襲について知らされていた者はいなかった。

その後、キンメル提督は、日本の攻撃を事前に察知できなかった責任を被せられ、解任されている。

こうして、かの有名な「リメンバー・パールハーバー」のスローガンが米国全土に響き渡ることになった。アメリカ国民の世論は、参戦賛成が一気に九〇パーセントにまで跳ね上がり、入隊希望者が各地の募兵所で長い列をつくった。

米国議会は日本に対する宣戦布告を決議、その三日後にはドイツ、イタリアへの宣戦布告も行った。こうしてルーズベルトは、「世論の後押しを受けて」堂々と参戦に踏み切ることができたのである。

国益追求の壁となる世論を変える政治テクニック

ところで、先にあげたテキサス独立戦争、米西戦争と、第二次世界大戦に共通点があることに気づかれただろうか——。

その共通点とは、アメリカが参戦するきっかけがすべて同じであるということだ。

まず、相手国の卑劣な手段でアメリカ国民が虐殺され、アメリカ国民のあいだに相手国に対する憎しみが一気に盛り上がる。その象徴が、「リメンバー……」のスローガンである。こうした世論の後押しを受けて、時の大統領が参戦を宣言する。これが、アメリカの戦争の手順なのである。

あまりにも似すぎていないか、これは果たして偶然なのだろうか——。

もちろん、偶然などではない。

ブッシュ大統領は、二〇〇一年一月二〇日の就任演説で、次のように述べている(アメリカ大使館ホームページより)。

「自由に敵対し、わが国に敵対する者は、次のことを忘れてはならない。アメリカは引き続き、歴史に基づき、また自らの選択によって、世界に関与し、自由を促進するような力の均衡を形成していく」

わざわざ「世界に関与し」と述べ、孤立主義を否定している。アメリカには先に述べたように、孤立主義の考え方が国民一般に広く浸透している。他国の争いごとには極力首を突っ込まないというのが、第五代大統領ジェームズ・モンロー以来の伝統なのである。

しかし、これまで例をあげてきたように、いくら国民が反対だといっても、国家の政策上、どうしても参戦が避けられない場合がある。また米西戦争のように、自ら戦争をつくり出さなければならないこともある。

ブッシュ大統領は、就任演説の先の言葉に続けて、次のように述べている。

「われわれは、同盟国を守り、アメリカの国益を守る。傲慢になることなく、決意を示していく。侵略や悪意に対しては、決意と力をもって対処する。そして、すべての国家に対して、わが国の建国以来の価値観を主張していく」

この章の最初でも述べたが、政治が追求するのは国益である。しかし、この国益を追求する過程に非常に厄介なものが立ちふさがることがある。それが国民であり、世論である。民主主義国家では常に国民の支持がないと、どんな素晴らしい国家戦略も遂行することができない。

平和を手段として国益を追求する場合なら、あまりこの世論を気にする必要はない。しかし問題は、戦争を手段とする場合である。

いか――。

「他国の争いごとにかかわりたくない」という国民の意識、世論を変えるにはどうすればいいか――。

「他国の争いごと」を「自国の争いごと」にしてしまえばいい。それが、アラモ砦であり、メイン号であり、真珠湾であり、世界貿易センタービルなどの同時テロなのだ。

これこそ、まさしくアメリカ的民主主義の本質なのである。

日本人には理解できない
アメリカの民主主義の本質

日本人は、この民主主義について大きな誤解をしている。

民主主義にも当然、哲学があり制度がある。しかし日本人はみな、なぜ哲学や制度が存在しているのか、理解していないようである。

日本人は、みんな民主主義の定義について次のように思っているだろう。

「民主主義という制度は、国民一人ひとりが主人で、主人である国民の権力を政治家に委託している。政治家は主人である国民のための政治をする。国家は国民の利益のために存在している」

「平和国家をつくるためには、民主主義でなくてはならない。そのためには民主主義という名の、精神と国家システムの一員として生きなければならない。これが幸せになる一番正しい生き方である」

そして、これを忠実に守って生きている。

民主主義という方程式を与えられ、その方程式どおりに生きなければならないと考えているのである。

しかし、よく考えてほしい。方程式を与えられてそれに従って生きなければならないというのは、専制政治ではなかったか――。

では、日本の常識では、これが民主主義だということになっている。

では、アメリカはどうか――。

アメリカは、この民主主義という制度とシステムを、みんなが「活用」している。

本来、民主主義というものはこういうものである。民主主義という方程式を与えられて、それに「従う」ものではない。

この制度とシステムを活用していかに稼ぐか、いかに人から物を奪うかを考えているのがアメリカである。この民主主義の精神と制度を上手に使えば、人を騙すこともできるし、人から物を奪うこともできる。しかも奪った後で、誰からも文句を言われないよう、民主主義の制度に則って裁判所に行って無罪を勝ち取る。

これは、国家のレベルにも当てはまる。民主主義の制度とシステムを上手に使って、いかに日本から金をとるか、いかに中国を黙らせるか、これが国益である。

そして、当然のことだが、次のことも成り立つことになる。

「いきなり他の国を攻撃して、いかにそのことを正当化するか」である。

戦争がしたければ、みんなが戦争に賛成するような状況をつくればいい。多数決は民主主義の大事な制度の一つである。みんなが賛成するように、戦争を行う数週間前に、アメリカ人を殺させればいい。これにより、世論は一気に戦争賛成に傾く。

世界貿易センタービルをはじめとする同時多発テロ事件が起きた後の世論調査では、ブッシュ大統領の対応を九一パーセントの国民が支持している。さらに、九三パーセントが軍事的報復に賛成し、米軍の死者が出ても報復すべきだという意見も六九パーセントが支持している。

事件が起きたのは二〇〇一年九月一一日のことだったが、その三日後の一四日には、上院は全会一致、下院でも四三〇対一でブッシュ大統領に「あらゆる必要かつ適切な軍事力」の行使を認め、テロ対策のために四〇〇億ドル（約四兆八〇〇〇億円）支出する予算案を可決した。

これによりブッシュ大統領は、「テロ攻撃を計画、承認、実行、支援」したと認められる個人や国家に対し、軍事力を行使する権限を与えられた。後は主権者のみなさんが「やれ」というからやったのです、と言うまでである。

ベトナム戦争で暴露された大統領の世論操作

アメリカは、ベトナム戦争のときもまったく同じ手口を使い、まんまと参戦に成功している。

第二次世界大戦後、中国の共産化により他のアジア諸国にもその波紋が広がることを恐れたアメリカは、南ベトナムのゴ・ジン・ジエム政権を支持し、大規模な軍を派遣していた。北のベトナム共産党ホー・チ・ミン率いるベトナム民主共和国と、南の反政府軍「南ベトナム解放民族戦線（ベトコン）」の打倒を目論んでのことであった。

一九六四年八月二日、ベトナム・トンキン湾公海に展開中のアメリカ駆逐艦マドックスが、北ベトナム軍の魚雷攻撃を受けた。さらに二日後の八月四日には、再びマドックスと僚艦C・ターナー・ジョイが、魚雷艇の攻撃を受けたという報告がホワイトハウスに入った。

第三六代大統領リンドン・ジョンソンは、「いわれのない攻撃に対して合衆国は報復せざるをえない」と宣言、ただちに議会を開いた。

この議会では、「合衆国軍隊に対する攻撃を退け、さらなる侵略を食い止めるために必要なあらゆる手段をとる権限」を大統領に与える決議（トンキン湾決議）が、圧倒的多数で可決された。

　これが事実上の宣戦布告となり、アメリカはただちに北ベトナムの空爆を開始し、ベトナム戦争が始まった。

　しかし、一九七一年六月一三日、『ニューヨーク・タイムズ』紙は、ベトナム戦争に関係するペンタゴン秘密文書の連載を開始した。それによって、トンキン湾事件は発生の二カ月前からアメリカ軍と南ベトナム政府軍によって計画されたものだったことが暴露されたのである。

　この暴露により、国民のあいだに、一気に厭戦感が広まった。自国の兵士に対してすら、罵詈雑言が浴びせられるようになってしまったのである。

　そして、戦況も一向に好転の兆しをみせず、膠着状態が続いた。

　米軍は、三〇〇〇万人のベトナム人を殺戮し、四〇〇〇万人を負傷させ、七八五万トンの爆弾、七五〇〇万リットルの枯葉剤をベトナム全土にまき散らした。それにもかかわらず、米軍は後退に後退を続け、五万八〇〇〇人以上の米兵が死亡した。

　一九七三年の和平合意、即時停戦、米軍撤退と、アメリカは建国史上初の敗北を喫することになったのである。

　さらに、後になってわかったことだが、アメリカは、トンキン湾事件の前から、ＣＩＡ（米中央情報局）が北ベトナム軍の基地や補給路への攻撃を加えていた。また、当時のアメリカ国防長官ロバート・マクナマラは、後に記した著書で、「トンキン湾決議のきっかけとなった北ベトナム軍の二回目の攻撃はなかった」と告白している。「リメンバー……」のスローガンこそなかったが、このベトナム戦争も、アメリカに対する攻撃をでっち上げて戦争を始めていることが証明されている。

戦争中にばれてしまっては実もふたもないが、いずれにせよ国民の意見を一致させるためには、このように自作自演も辞さないのがアメリカの戦争政策なのである。

しかし、湾岸戦争への参戦を決めた現ブッシュ大統領の父、ジョージ・ブッシュは、このベトナムの反省を活かし、新たな手段を使うことになった。

イラクのクウェート侵攻をわざと誘ったアメリカの戦略

一九九〇年八月二日、イラク軍が突如クウェートに侵攻したことから、湾岸戦争の火ぶたが切って落とされた。またたく間にクウェートを制圧したイラクに対し、国連安全保障理事会は、イラク軍の即時撤退を要求する決議をするが、イラクはこれを無視、一方的にクウェートの併合を宣言した。

国連安保理事会は八月二五日、イラクに対し武力行使決議を採択、これを受けてアメリカは、五〇万人というベトナム戦争以来の大規模な軍隊をペルシャ湾に送り込むこととなった。

　翌年一月、アメリカ軍を中心とした参加二八カ国からなる多国籍軍は、またたく間にイラク軍を蹴散らした。イラク軍はほとんど戦闘らしい戦闘をせずに敗走し、クウェートは解放され、三月二日の国連安保理事会停戦決議により終戦を迎えた。

　これが、湾岸戦争の簡単な経緯である。

　このように書けば、イラクのサダム・フセイン大統領が一方的に悪いように思えるかもしれないが、実際はまったくそんなことはない。これは、イラク軍が侵攻する八月二日以前の出来事を丹念にみていくとよくわかる。時系列で追ってみることにしよう。

　湾岸戦争の直接のきっかけは、クウェート侵攻の半月ほど前に、イラクが石油価格の値上げに同調しないクウェートとアラブ首長国連邦に対し、「直接行動も辞さない」と宣言したことが原因であるといわれている。それではなぜ、イラクは石油価格を値上げしなければならなかったのだろうか——。

　当時のイラクは、イランとの間の長い戦争の結果、莫大な赤字を抱えて瀕死の状態だった。しかも、石油価格は下落気味で、これ以上値を下げれば、国が破産してしまいかねない状況だった。

　そんなとき隣国クウェートは、ＯＰＥＣ（アラブ石油輸出国機構）の協定を破り、石油増産を発表する。しかも以前からイラクとクウェートのあいだで国境をめぐって紛争の火種となっていた地点にあるルメイラ油田の採掘を行ったことが、さらにイラクの怒りを煽ることとなった。

　そして、クウェート侵攻一週間前の一九九〇年七月二五日、アメリカの駐イラク大使エイプリル・グラスピーはフセイン大統領と会談し、「アメリカは、イラクの立場を尊重する。クウェートとの国境問題に介入するつもりはない」と発言している。

　こんな発言を聞けば、フセイン大統領でなくとも、アメリカは自分の行動を正当化してくれたと思うだろう。翌二六日、フセイン大統領は、クウェート国境に三万人以上の軍隊を派遣した。

　七月三一日、結果的にクウェートとイラクとの最終交渉となったジッダ会談の席上、クウェート側の代表サアド皇太子は、「脅しても無駄だ。クウェートには強力な友人がいる。われわれにも同盟国がついている」と発言したという。

　さらに、未確認の情報としては、サアド皇太子がフセイン大統領の母と妻に関して侮辱的な発言をして、フセイン大統領が激怒したという話もある。

　八月一日、イラクの不審な動きに不安を感じたクウェートが、アメリカ政府に問い合わせたところ、「イラクの動向には心配していない」という返事だったという。「強力な友人」に冷たくあしらわれたクウェートは、翌日、イラク軍の猛攻の前にあっという間に占領されてしまった。

また当時、イスラエルのモシュ・アレンス国防相が、アメリカのリチャード・B・チェイニー国防長官（現副大統領）に対し、イラクがクウェートに侵攻する可能性のあることを報告していたにもかかわらず、チェイニーはなぜかこれを無視している。

しかもアメリカは、軍事衛星から送られてくる写真で、クウェートに攻め込む何日も前から、イラク軍がクウェート国境に集結していたことを把握していたことは間違いない。

別に、軍事衛星でなくても構わない。アメリカには、イラク軍の侵攻を事前に予知する方法がいくらでもあった。

サウジアラビアには、タブーク、カミス・ムシャイド、アル・バティンという三つの軍事基地がある。いずれもアメリカによってつくられたものだ。このうちアル・バティン基地は、七月二六日にイラク軍が派遣されたクウェート国境付近を警戒エリアとしている。まさに、目と鼻の先にいるイラク軍に、気がつかないはずがない。

アメリカがこの時点でイラクに警告を発していれば、イラク軍のクウェート侵攻に始まる湾岸戦争は起きなかっただろう。

イラク軍のクウェート侵攻当日、ソ連でシュワルナゼ外相と会談の最中だったベーカー国務長官は、イラク侵攻の報告に、「誠に遺憾である」という声明を出し、イラク軍のクウェート侵攻が寝耳に水であったことを世界にアピールした。

そこからは電光石火の勢いで国連に働きかけ、多国籍軍の設立、空爆と続く。クウェート侵攻の前日まで、まったく無関心を装っていたとは思えないほどの早業だった。

しかし、この一連の動きをみてもわかるように、アメリカは無関心どころか重大な関心を寄せていたのである。

不景気を戦争で解決しようとしたフセイン大統領も、いわばアメリカと同じ穴のムジナであるといえるが、この湾岸戦争のケースは、フセインの動きが戦争に発展することをわかっていながら放置したアメリカがもっとも悪いといえる。

アメリカは、明らかにイラクに戦争をさせたかったのだ。

冷戦の終結による不景気を湾岸戦争で乗り切った前ブッシュ政権

一九八〇年代後半のアメリカは、第四〇代大統領ロナルド・レーガンの推進した「レーガノミクス」のもと、一九八〇年代前半の不況から脱出することに成功した。一九八三年以降、およそ七年半にわたり景気拡大基調が持続するなかで、失業率が九パーセントから五パーセント台へ低下するなど、「強いアメリカ」を標榜していたレーガン大統領の政策は、一定の効果を上げていた。

しかし、その一方で大幅な減税と軍備の拡大により、財政赤字と経常赤字のいわゆる「双子の赤字」が膨らみ続ける結果となったのである。

しかもレーガン大統領は、過去にどの大統領も経験したことのない危機に見舞われることになる。

冷戦の終結である。軍事大国アメリカにとって、平和ほど憎むべき状態はない。共産主義の脅威から解放されることで、兵器の需要が激減してしまった。こうして自国の主力産業である兵器の供給先を失ったアメリカは、軍需産業が崩壊寸前にまで追い込まれることになってしまった。

このレーガノミクスが残した負の遺産を引き継いだのが、現大統領の父、ジョージ・ブッシュ大統領だった。

湾岸戦争の開始前には、当時、アメリカ軍需産業で首位だったマクダネル・ダグラス（現ボーイング）と、二位だったゼネラル・ダイナミックスが、ともに倒産の危機がささやかれていたほどであった。

しかし、この湾岸戦争のおかげであっという間に息を吹き返した。

この戦争で、マクダネル・ダグラスは約一〇〇億ドル、ゼネラル・ダイナミックスも二七億ドルの儲けを得ている。

兵器産業だけではない。石油産業もおおいに潤った。イラク軍のクウェート侵攻によって、ＯＰＥＣ（石油輸出国機構）は分裂状態となり、急激に弱体化した。必然的に、アメリカおよびメジャーの石油価格に対する統制力は大幅に強まった。これにより、一九九〇年末の四半期、アメリカ大手石油会社一八社は空前の高利益を稼ぎ出すことになった。

また、ＩＢＭなどのコンピュータ産業にも大きな利益をもたらした。

さらに、戦争終結後、破壊されたクウェートを復興するための整備事業を、世界最大のエンジニアリング会社ベクテルをはじめとするアメリカ企業が請け負った。

ベクテルは、第二次大戦後には日本の、朝鮮戦争後には韓国の、それぞれ復興整備事業を請け負い、大きな利益を上げた企業である。アメリカが破壊した国の産業基盤をアメリカの手で復活させるのも、アメリカのビジネスなのである。

こうしてブッシュは、フセイン大統領を一方的に悪者にすることで、アメリカ経済全体を活性化させ、自国産業を見事に冷戦崩壊による危機から立て直すことに成功したのである。

「やらせ」ででっち上げ証言
嘘の報道で世論操作する手口

では、第四一代ブッシュ元大統領は、どのようにしてこの湾岸戦争にアメリカ軍を派遣する体制を整えたのだろうか――。

これまでみてきたように、アメリカ国民はあくまで自国に関係のない戦争に、自国の軍隊が首を突っ込むことには消極的である。

ましてや、ベトナム戦争で手痛い敗北を喫していて、再び海外へ派兵することに関しては消極的になっている。しかも、過去に戦争に参戦するきっかけとなった、「アメリカ人が大量に殺される」というシナリオが自作自演だということも、ベトナム戦争で明らかになってしまった。

そこで、ブッシュ元大統領は、こんな手を使った。

イラク軍がクウェートに侵攻した直後、クウェートの難民と称する少女が、米国下院議会で、次のような証言をした。

「私はクウェートから脱出してきたばかりです。クウェートでは、イラク兵が赤ちゃんを保育器から取り出して、殺すところを見ました」

覚えている方も多いだろう。この様子はアメリカのテレビから世界中に発信され、イラク軍は世界中から非難を浴びることとなった。

しかし、この証言はまったくの嘘だったことが後に判明している。この少女は、クウェートから脱出してきたわけでもなく、実はクウェート駐米大使の娘だった。この証言はアメリカの大手広告代理店が仕事として請け負い、事前に何度もリハーサルをさせたうえで証言させたものだったのである。

前回のベトナム戦争のときの失敗で、自国の国民を殺す手口はしばらく使えなくなったため、湾岸戦争のときは他国の、しかもありもしない事件をでっち上げることで、国民感情を煽ったのである。

それで世論はどう動いたか――。

残念ながら湾岸戦争については、戦争直後に参戦の是非を問うたデータがない。しかし、アメリカ参戦と同時に、ブッシュ元大統領の支持率が九〇パーセント近くまではね上がっている点から考えると、それだけのアメリカ国民が、参戦を支持していたということだろう。

嘘の報道という点でいうと、もう一つ有名な嘘がある。油まみれになった水鳥の映像を覚えているだろうか――。

これは、「イラク軍がペルシャ湾へ原油を流出させたため」だと報道された。しかしこの原油は、アメリカ軍が誘導爆弾により、ゲッティ・オイル・カンパニーの原油貯蔵施設から流出させたものだったのである。

この二つの「やらせ」事件は、ともに数年たってから、関係者の口からあっさりと自作自演であることが告白されている。

アメリカはイスラム各国に宣戦布告したも同然

このようにしてアメリカは、何度も戦争を演出し、まんまと騙された国を叩き、自国の利益を拡大してきた。そして、今回、中東で始まる大戦争も、まさにアメリカの国益、すなわち経済回復と世界軍事支配確立のための戦争なのである。

経済が完全に失速し、後で詳しく述べるが、日本に期待した経済再生策も期待はずれに終わったいま、アメリカの選択肢は戦争しか残されていない。

さらに加えて、アメリカには、どうしても中東で戦争をしなければならない理由があった。アメリカは、中東に石油の利権をもっている。しかし、クリントン政権時代の和平工作によって、中東のコントロールがきかなくなってしまっている。

クリントン大統領は、ノーベル平和賞がほしかったため、中東和平に全力を尽くした。司法修習生との不名誉なスキャンダルを帳消しにするために、どうしてもノーベル賞という名誉が必要だったのである。

結局、中東和平は果たせず、クリントン大統領はノーベル平和賞を逃すことになったが、彼の努力の結果、完全に平和な状態が訪れたとはいえないまでも、いくぶん緊張感は和らいだ。しかしこれによって、アラブの国王たちが、アメリカのいうことを聞かなくなってしまったのである。

アラブ世界ナンバー・ワンの親米国だったサウジアラビアでさえ、「米軍がこの先いつまでもサウジアラビアに駐留できるとは限らない」と国防相が発言するほど、対米意識が変化してしまった。

アメリカは、中東最大の軍事基地をサウジアラビアに置いている。湾岸戦争の際も、米軍はサウジの基地から出撃した。アメリカが中東に保有している軍事的拠点の要になるのが、サウジアラビアなのである。アメリカにしてみれば、サウジアラビアの拠点が揺らぐことは致命的である。

いま、サウジアラビアの世論は、完全に「親イラク・反米」一色になっている。いま、イラク人がサウジアラビアに行くと、タクシーに乗っても、レストランで食事をしても、「お金はいらない」と言われることがあるという。

サウジとイラクは、かつて敵対関係にあった。それがいまや、イラク人がこれほどサウジアラビアで歓待されるまでの変貌ぶりである。

このように、中東ではアメリカにとっておもしろくないことが次々と起きている。

だから、増長気味のアラブ諸国をあらためて押さえつけるには、一度戦争を仕掛けて思い知らしめる必要がある。アメリカはそう考えていた。弛んだタガは締め直さなければならない。

そして、イスラエルも戦争をするチャンスを虎視眈々と狙っていた。アメリカとイスラエル両国の思惑は、戦争することで一致していた。

イスラエルは、これまで戦争と和平の繰り返しで、そのたびに領土を拡大してきた。しかし、平和主義者のエフード・バラク前首相が戦争をせずに和平の話ばかりしているうちに、領土は減り、防波堤としてレバノン南部に置いていた軍隊も撤退させられた。

その結果、レバノン国境付近で再び銃撃戦が始まり、多数のイスラエル人が殺されてしまった。和平交渉ばかりしていても、イスラエルにとって何もいいことはない。和平路線への失望がシャロン戦争政権を誕生させたのである。

ところがアメリカは、イスラエルとパレスチナのあいだで衝突が起こるたびに、イスラエルに「自制しろ」と言う。イスラエルの不満は高まるばかりだった。

しかしアメリカにすれば、中東における石油の利権を考えると、アラブ諸国との友好関係を完全に失うわけにはいかない。ところが一方のイスラエルは、アメリカの分身ともいえる国である。

アラブ諸国相手に戦争をしたいのだが、いきなりイスラエル側について中東で戦争を始めるわけにはいかない。アメリカは深いジレンマに陥ってしまった。

何か、戦争を起こす口実が必要だ。

そこで起こったのが、二〇〇一年九月一一日の世界貿易センタービル、ペンタゴン同時多発テロなのである。このときブッシュ大統領は開口一番、「これはステート・オブ・ウォーだ」と言った。「戦争状態だ」ということである。そして、事件後四日目の一五日には、イスラム過激派の指導者オサマ・ビンラディン氏を「主要な容疑者」として追及していることを認めた。

さらに、これに先だつ一三日には、次のように述べている。

「今回はこれまでの戦争とは異なっている。敵は身を隠すのが好きなようだが、アメリカは隠れ家を与える国に対しても、適切な処置をとる」

アラブ諸国は、すべてイスラム教を国教とし、アラビア語を国語としている。すなわち、アラブの国々は同一宗教、同一言語である。そういう意味では、アラブ諸国は一つの国のようなものだといっていい。

これに、ブッシュ大統領の言葉を重ね合わせてみてほしい。テロリストはイスラム原理主義者で、これに「隠れ家を与える国」といえば、当然イスラム国家である。ということは、アラブ諸国すべてを敵だと名指ししたも同然である。

アラブ諸国に反米感情は広がってきているが、テロ憎しの一点では、サウジアラビアもエジプトもアメリカに協調せざるをえない。こうしてアメリカは、アラブの友好国を敵に回すことなく、アメリカに反抗する勢力と国家に対して戦争できるようになった。実に、巧妙かつ見事な戦略である。

しかも、六〇〇〇人近い犠牲者を出したアメリカに対して世界中が哀悼の意を表するなかで、ブッシュ大統領は宣戦布告した。世界各国は、いつアメリカの敵に仕立てられるかわからない脅威のなかでこれから生きなくてはならない。

まさに、ブッシュ大統領は、今回の見えない敵に対する宣戦布告で一挙に世界をアメリカの軍事脅威の下においたのである。

テロ計画の全容をつかみパキスタンの情報を握り潰したＣＩＡ

アメリカは、世界貿易センタービル、ペンタゴン同時多発テロをオサマ・ビンラディン氏の仕業として追及する構えだ。しかし、彼を犯人とする決定的証拠はまだない（一〇月三日現在）。

ビンラディン氏には、あれだけの大仕事をやり遂げるだけの組織力も、実行力もないといわれている。同時に四機の旅客機をハイジャックし、ほぼ同時刻に世界貿易センタービルとペンタゴンへ命中させる計画を実際に成功させるのは神業に近い。

もっとも、アメリカがテロリストに全面的に協力すれば話は別である。世界貿易センタービルがあれだけ見事に崩落したのも、建物内に爆薬が仕掛けられていたからだと言う専門家がいる。

テレビで廃墟ビルの爆破シーンを見たことがあると思うが、世界貿易センタービルの崩壊の仕方はあまりにも見事だった。ビルの高層階に飛行機が激突して、横倒しになることもなく、なぜ垂直に崩れ落ちたのか、疑問が残るところである。

あれだけの大仕事ができる組織は世界に二つしかないと言う人もいる。三つ存在した時期もあったが、KGBが消滅してしまったから、いまは二つになったという。一つはCIAであり、もう一つはイスラエル諜報機関である。

しかし、直接手を下したのはイスラム過激派だろう。問題は、誰が彼らを成功に導いたかである。

私は、この同時多発テロが、どうしても太平洋戦争における真珠湾攻撃とオーバーラップしてしまう。戦争反対だった国民を一夜にして賛成に変えたのは、二千数百人のアメリカ人の命を奪った真珠湾攻撃である。

二千数百人の命と引き換えに、アメリカはその後五〇数年間にわたって世界を支配してきた。これが、アメリカの「国益」を最重要視する国家戦略なのである。

いまアメリカでは、「リメンバーWTC（世界貿易センター）」、「リメンバー・ペンタゴン」という言葉が、叫ばれだしている。

先に述べたように、アメリカが日本の真珠湾攻撃を事前に察知していたことは、アメリカの公開資料から明らかである。当時と比較して、アメリカの諜報力は、比べものにならないほど飛躍的に進化しているから、アメリカが今回のテロリストの動きを察知していないほうが不自然である。

アメリカは、知っていたはずである。

アメリカは、テロ行為の計画段階から、いつ、誰が、どの便をハイジャックするか、どういう分担で世界貿易センタービルとペンタゴンに突入するかまで、すべてつかんでいたに違いない。

なぜなら、アメリカもイスラム過激派も、九月一一日に向けてそれぞれの目的に向けて「活動」していたからだ。

事件の翌日九月一二日は、イスラム過激派にとっては許せない日、一九九八年のアメリカ大使館爆破事件の判決日である。イスラムからみれば、オサマ・ビンラディン氏の配下の者が無実なのに極刑の判決を受ける日である。

そしてアメリカにとっては、この日までにどんなことがあっても真犯人ビンラディン氏を捕獲することを誓った期日である。

アメリカは、ビンラディン氏を捕まえるため、パキスタンと何度も接触してきた。パキスタンは、ビンラディン氏を匿っているアフガニスタンの実効政権タリバンを承認している。アメリカは、タリバンに大きな影響力をもっているパキスタンに、核実験に対する制裁解除やＩＭＦ（国際通貨基金）から融資を与えることなど条件に、全面協力するよう要請していた。

しかし、ビンラディン氏が大使館爆破事件の犯人である証拠はなく、本人も無罪と言っていたことから、アメリカに全面的協力をするとパキスタンは国が割れてしまう。そこでパキスタンは、サウジアラビアでビンラディン氏の裁判をする方向でアメリカの妥協を求めた。ところが、アメリカがきっぱりと断ったので、アメリカとパキスタンの交渉は完全に決裂してしまった。

しかし、アメリカとイスラム過激派にとってそれぞれ重要な期限、九月一一日が刻々と迫る九月一〇日、パキスタンの諜報局長と軍参謀が急遽ペンタゴンとCIAを訪れ、会談が行われた。九月一一日の期日を前にしたあわただしい動きである。

たぶん、パキスタンはテロ計画の全容をつかみ、アメリカに報告しにきたものと考えられる。もちろん、すべてをすでに知っているCIAはパキスタンの情報を一蹴したことだろう。テロ計画をアメリカが知っていてはならないからである。

パキスタン側は、結論に達することなく、テロ当日の一一日に帰国することになっていた。そこで起きたのが、ハイジャックによる同時多発テロである。

当日、ハイジャックされた四機の航路が大幅に変更されたことを、航空管制はもちろん、ペンタゴンも把握していたのは当然のことである。これは、アメリカの安全保障システムからみて、通常の情報管理の流れである。

世界貿易センタービルに一番最初に突入したアメリカン航空一一便ロサンゼルス行きは、

七時五九分にボストンのローガン国際空港を飛び立った後、八時一六分に五人の犯人にハイジャックされている。世界貿易センタービル・ノースタワーに激突したのは、それから二九分後の八時四五分である。

針路変更の異常事態が各当局に報告されてから、四〇分以上経っている。

ユナイテッド航空一七五便ロサンゼルス行きが、同じくローガン国際空港を離陸したのは、テロ一番機より一分早い七時五八分だった。五人の犯人にハイジャックされたのが八時三五分、それから二八分後の九時三分に世界貿易センタービル・サウスタワーに激突した。

やはり、異常事態が報告されてから四〇分経過している。

ペンタゴンに突入したアメリカン航空七七便ロサンゼルス行きは、八時一〇分にワシントンのダレス空港を離陸、その後、ウエストバージニア上空付近を航行中にレーダーから消えた。ペンタゴンの西側に激突したのは離陸から一時間半以上経過した九時四三分のことだった。

これも、異常事態の報告から四〇分以上経っている。

ピッツバーグ郊外に墜落したのは、ユナイテッド航空九三便サンフランシスコ行きである。八時一分にニューヨークのニューアーク空港を離陸、一五分後の八時一六分に四人の犯人にハイジャックされ、一時間五〇分後の一〇時六分に墜落している。

アメリカでは、通常、ハイジャックなどにより航空機が針路変更したときは、すべてペン

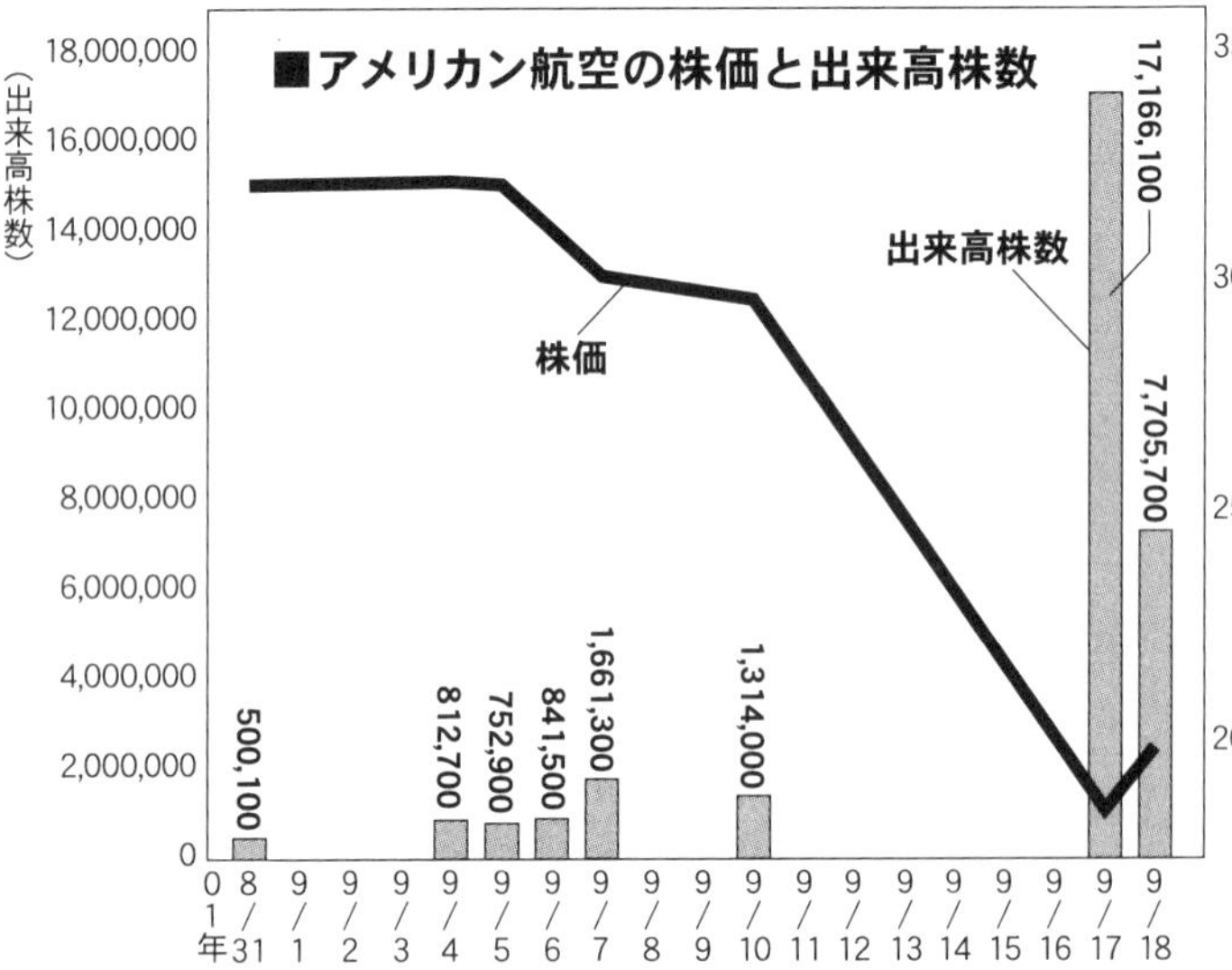

タゴンに連絡が入ることになっている。連絡を受けたペンタゴンは、直ちに戦闘機をスクランブル発進させ、異常な動きをしている航空機を取り囲み、捕捉する。

ところが、同時多発テロの際にF16がスクランブル発進したのは、テロ一番機が激突する一五分前のことである。

アメリカの防空態勢は、こんなに甘いものではない。実に不思議ではないか――。

誰かが故意に報告を遅らせたのだろうか……。それとも真珠湾攻撃のときのように九月一一日に限り、偵察機の飛行を禁止していたのだろうか……。

いずれにしても、九月一一日の犯行はかなり知られていたようである。航空会社や保険会社の株の売買高が、事件の数日前から通常の二倍から三倍にもなっている。事件後、株

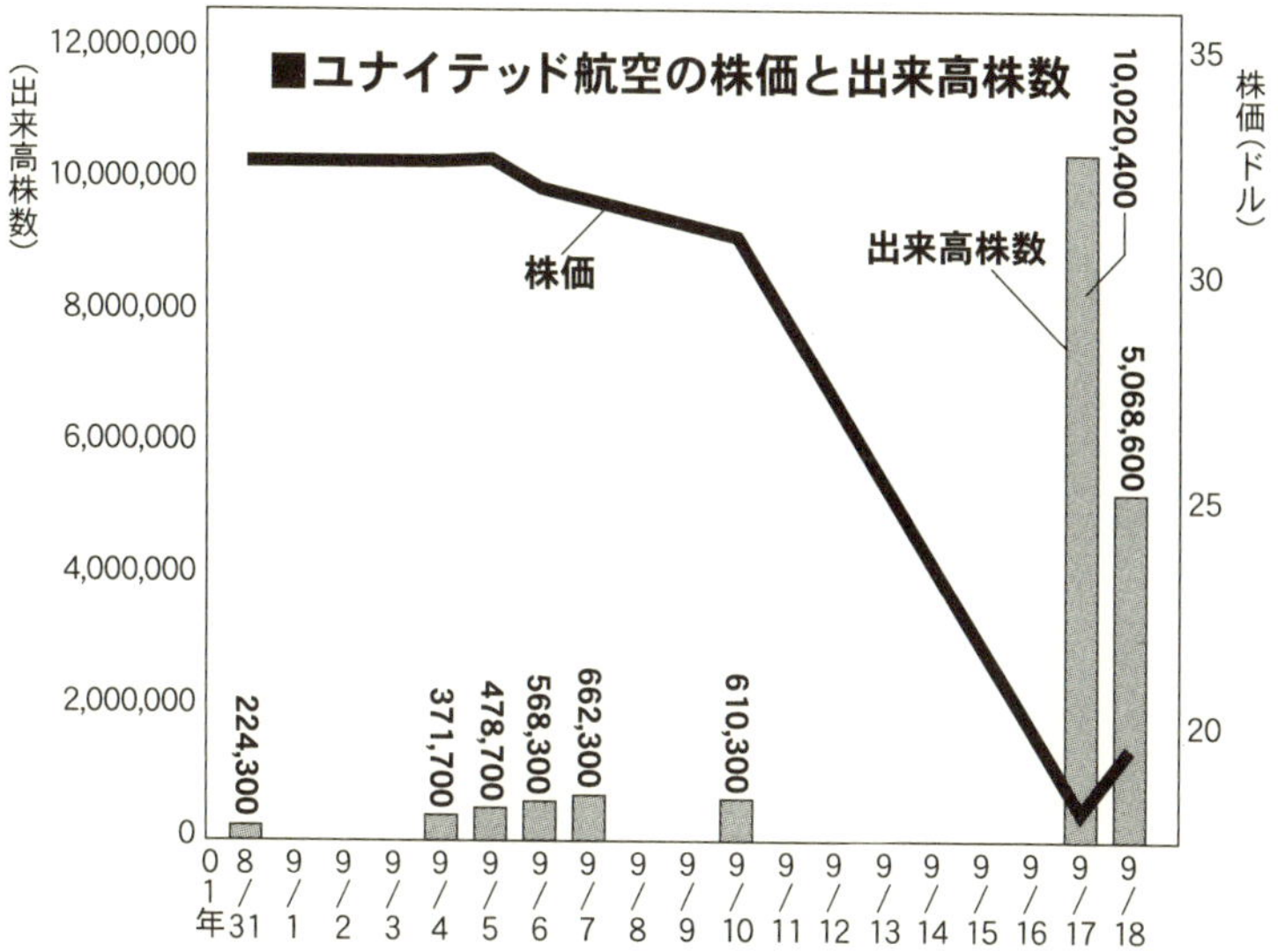
■ユナイテッド航空の株価と出来高株数
(出来高株数)
株価(ドル)
12,000,000
10,000,000
8,000,000
6,000,000
4,000,000
2,000,000
0
35
30
25
20
株価
出来高株数
224,300
371,700
478,700
568,300
662,300
610,300
10,020,400
5,068,600
01年 8/31 9/1 9/2 9/3 9/4 9/5 9/6 9/7 9/8 9/9 9/10 9/11 9/12 9/13 9/14 9/15 9/16 9/17 9/18

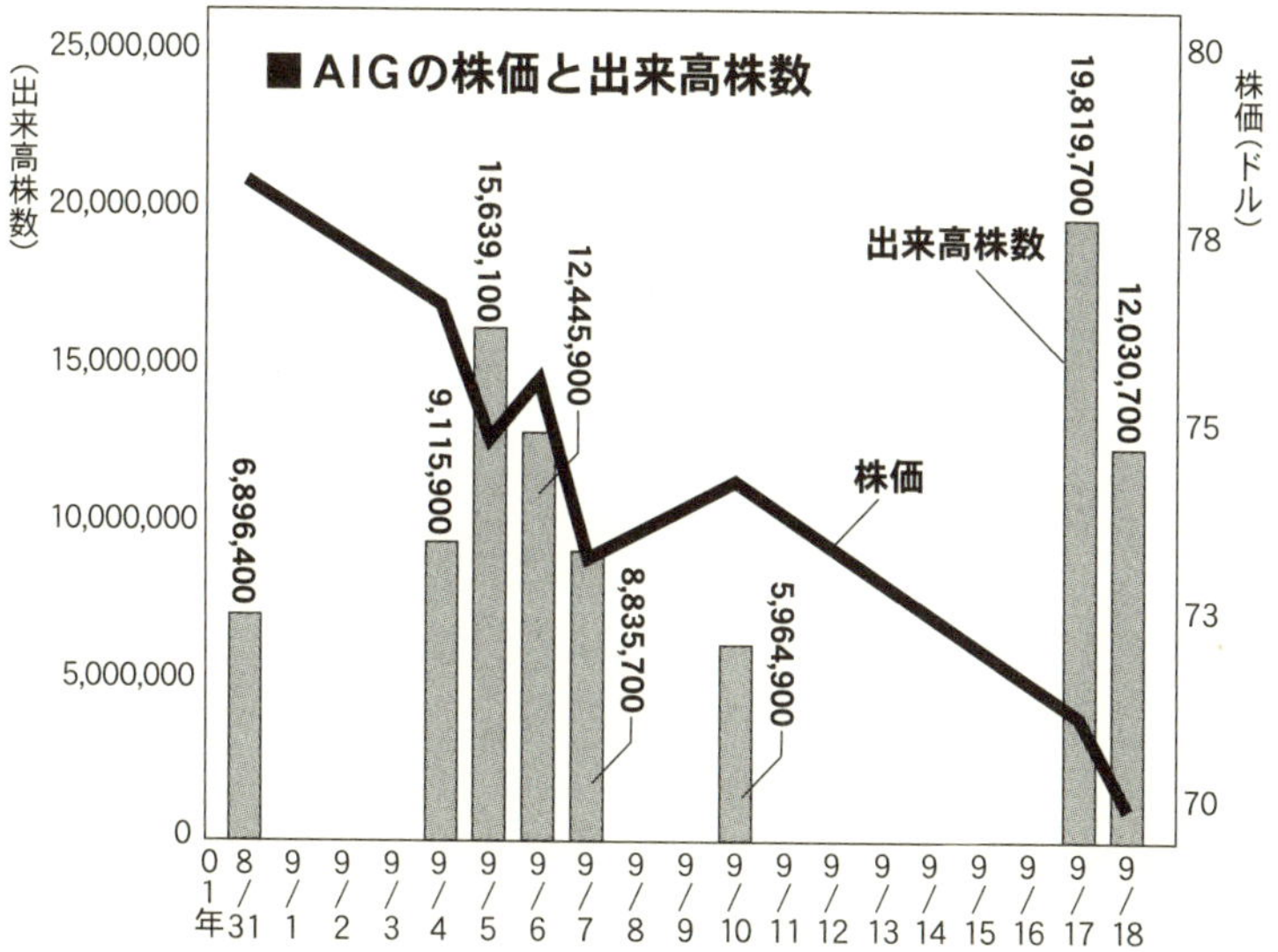
■AIGの株価と出来高株数
(出来高株数)
株価(ドル)
25,000,000
20,000,000
15,000,000
10,000,000
5,000,000
0
80
78
75
73
70
株価
出来高株数
6,896,400
9,115,900
15,639,100
12,445,900
8,835,700
5,964,900
19,819,700
12,030,700
01年 8/31 9/1 9/2 9/3 9/4 9/5 9/6 9/7 9/8 9/9 9/10 9/11 9/12 9/13 9/14 9/15 9/16 9/17 9/18

式市場が再開された九月一七日の売買高が異常だからわかりにくいかもしれないが、この急速な売買高の伸びは事件を見越したカラ売りである。

イラク軍のミサイルで第五次中東戦争が始まる

そして、同時多発テロ事件は、第五次中東戦争を引き起こすことになる。

すでにレバノンには、イラク軍が駐留している。

二〇〇一年七月にイラク軍が入ってきたとき、レバノンはイスラエルと共同してこれを排除しようとした。ところが、イスラエルがミサイル攻撃でPLO（パレスチナ解放機構）反主流派PFLP（パレスチナ解放人民戦線）のアブ・アリ・ムスタファ議長を殺害したことにより様相が変わってしまった。

ムスタファ議長は、暗殺される直前までシリアに滞在していた。パレスチナ自治区への移動についてはイスラエルの許可が必要とされているため、ムスタファ議長はその許可を得てパレスチナ自治区に入った。

そして、八月二七日、執務室に戻ったところをイスラエルのミサイルが襲った。通行許可を出しておいて、戻ったところを襲う、これは騙し討ちではないかということでレバノンの世論は一転した。

これも明らかに、アラブ諸国の感情を逆なでするための仕掛けである。イスラエルは、これ以前から、「ピンポイントで要人の暗殺をする」と宣言していた。

この事件のイスラエルの狙いは、パレスチナ側を激怒させることにあった。イスラエルに対する敵愾心を故意に煽る行動を繰り返し、イスラエル対アラブ諸国という構図を強引につくり上げ、一触即発、いつでも戦争ができる状態にしておくためである。

この事件以降、レバノン市民は、イラク軍に食事を提供するほどの歓迎ぶりである。

こうしてアラブ諸国は、反イスラエルでまとまっている。いつでも戦える準備が整っているのである。

このように、経済再生のために戦争しなければならないアメリカ、領土を拡張するために戦争したいイスラエル、反イスラエルの意志を固めたアラブ諸国、戦争へ向けて三者の準備は整った。

そこで、アメリカの同時多発テロ事件が起きた。

アメリカはテロに対する宣戦布告を行い、戦争に踏み出せなかったアメリカの世論がこれで戦争支持に変わった。

アメリカは、中東各地に石油の利権をもっているから、イスラエル支持を表明することができなかったが、これでアメリカがアフガン攻撃を開始し、イラクのフセイン大統領がイスラエルにミサイルを打ち込めば、まさにアメリカとイスラエルの思う壺になる。

そしてフセイン大統領も、かつてのような侵略者ではなく、イスラムを代表して聖戦を行う英雄となることができる。

こうして、私があちこちで言ってきた第五次中東戦争が始まることになる。

FBI（連邦捜査局）は、おそらくそこらにいるアラブ人を七～八人、同時多発テロの犯人として捕まえることになるだろう。そして、オサマ・ビンラディンが黒幕であるということを世界に向けてアピールしていくだろう。

一九九八年のケニアのナイロビとタンザニアのダルエスサラームのアメリカ大使館爆破の犯人として捕まったアラブ人たちも同じである。当局が適当に狙いをつけて捕まえただけである。たとえ間違っていても、アメリカの裁判はいつも正しいのである。

イスラエルがどうしても避けたかったオスロ合意の実現

一九九八年八月七日、ケニアのナイロビとタンザニアのダルエスサラームのアメリカ大使館付近で爆発が起きて、アメリカ人一二人を含む二五八人が死亡し、五〇〇〇人以上の負傷者が出た。

クリントン前大統領は「われわれは使えるすべての手段を使って、犯人に正義の鉄槌を下すだろう」という声明を発表した。

その後、パキスタンで別件で捕まえたアラブ人の自白から、この事件がオサマ・ビンラディン氏の仕業だと断定した。このときから、パキスタンは、一連の出来事にかかわっている。

そしてアメリカは、大使館同時爆破事件の二週間後の八月二〇日、アフガニスタンの過激派の基地と思われる場所と、ビンラディンが所有するという理由により、スーダンの首都ハルツームの化学工場を巡航ミサイルで報復爆撃した。

アメリカが報復措置として空爆したスーダンの化学工場を、私は実際に見てきた。アメリカはビンラディンの指令で神経ガス「ＶＸ」用の化学物質をつくっていた工場だとしていたが、単なる家庭用常備薬の工場だった。この会社は、外国の要人もしばしば見学に訪れるような、アフリカ有数の優良企業の一つである。

私が訪れたのは爆撃から一年以上たってからのことだったが、工場は瓦礫のまま放置されていた。爆心のあたりを掘ってみたが、出てくるのはアラビア文字で「消化剤」や「栄養剤」などと印刷されたビンばかりで、化学兵器をつくっている証拠など、どこにも発見できなかった。

いま、この製薬会社は、アメリカの裁判所で、アメリカ政府を相手に誤爆に対する損害賠償を求めて係争中である。しかし、アメリカ政府は、この工場の所有者がビンラディンであること、毒ガス工場だったことの証拠を示すことができないでいる。

この大使館爆破事件にイスラエルが関係していたということは、いまや世界の常識になっている。だからこそ、九月一二日の冤罪判決はイスラム世界にとって、どうしても許しがたいことなのである。

私はイスラム研究の大御所、拓殖大学の佐々木良昭教授にお話を聞く機会があったが、大使館爆破に使われた爆薬は「セムテック」という特殊なもので、とてもイスラムのテロリストが手に入れられるようなものではないということだった。

さらに、爆破されたアメリカ大使館にいち早く到着したのは、タンザニア、ケニアの大使館ともイスラエル軍だったという。

自国で起きた事件の現場に、自国の軍隊が一番乗りするというのなら納得がいく。しかしこの場合は外国で、しかも二つの国に同時である。被災者救援という名目だったそうだが、通常では、とても考えられない離れ業である。

イスラエル軍は、何をそんなに慌てていたのか——。

爆破の証拠物件を回収するためであったともいわれている。

仮にイスラエルの仕業とするなら、いったいなんのためにアメリカ大使館を爆破しなければならなかったか——。そういうことも考えてみる必要がある。

実は、この時期のイスラエルには、どんな卑劣な手段を使ってでも回避したいことがあった。オスロ合意である。

一九九三年九月、ヨルダン川西岸ガザ地区におけるパレスチナの五年間の暫定自治を認めたこの合意には、暫定自治期間中に両者の最終地位を交渉で決定するという項目がある。この合意に従うなら、一九九八年九月までに、パレスチナ、イスラエル双方がお互いに相手を国として認めなければならない。つまり、このオスロ合意は、イスラエルに「パレスチナ人国家」の認証を求めた合意だったのである。

イスラエル側にしてみれば、とてもではないが呑めるような条件ではない。しかし、その期限は刻々と迫ってくる。パレスチナ側は和平交渉を繰り返し要求してくる……。そして、その期限は翌月にまで迫っていた。

そこでイスラエルは、イスラムのテロリスト国家と和平の交渉を続けることがいかに無益なことであるか、アメリカの世論および世界にみせる必要があった。そのために、効果的なタイミングを選んでイスラムのテロリストにみせかけた反米テロを演じたと考えるとつじつまが合う。

結局、イスラエルは、このアメリカ大使館同時爆破事件のどさくさによって、難なくオスロ合意を反故にすることに成功したのである。

そして、アメリカ大使館爆破の犯人として捕まったアラブ人たちの判決日九月一一日も、イスラエルにとって関心事であったことは言うまでもない。世界貿易センタービル、ペンタゴンの同時多発テロ事件の犯人が、同じビンラディン氏の仕業だとされたのも、イスラエルにとって関心のあるところだろう。

結局、同時多発テロ事件で米大使館爆破事件の判決は延期になった。今後、「リメンバーWTC、リメンバー・ペンタゴン」の熱が冷めたころ、この大使館爆破の模様が報道され、イスラムに対する敵愾心をさらに煽ることになるだろう。

第二章●「支配の意志」が世界を動かす

自由なマネー経済の時代から力が支配する時代へ

世界各国で次々誕生する右派政権は何を意味するのか

二一世紀を迎えたいま、世界の政治が新たな変革を求めて動きだしている。

アメリカでは、マネー戦略で空前の好景気をもたらしたクリントン政権がその役割を終えた。

マネー戦略とは、高金利、ドル高を中心とする金融政策である。これによりアメリカは、世界中の資金をかき集めた。そして、ニューエコノミーの永遠の成長を信じ、これに投資を重ねることによって未曾有の好況を築いた。しかし、このマネー戦略はいまや通用しなくなってしまった。

クリントン政権の中枢はウォール・ストリートの人脈が握っていたが、その意味で前政権はまさにマネーを中心とした政権だった。

これに対して、第四三代大統領の座を得た共和党ジョージ・W・ブッシュの背景はテキサス州の石油人脈である。アメリカのメインストリーム（保守本流、軍産複合体制〔military industrial complex〕）の大統領が、政権の中枢に座ることになったのである。

アメリカは当初、株式市場で莫大な不労所得をもたらしてくれたクリントン前大統領の政策を引き継ぐゴア前副大統領を選ぼうとしたが、景気の先行き不安が強まったため、結局、ブッシュの兄弟が知事を務めるフロリダ州で大量のゴア票を廃棄することにより、ブッシュを当選させることとなった。

このブッシュ政権誕生は、アメリカ経済の基本方針の変更を意味する。

そして、アメリカの政変と時を同じくして、世界でも「強い政治の復権」をスローガンにした、いわゆる右派政権が続々と誕生している。

ロシアでは、晩年、酒と病気で「ロシアの没落」を象徴するかのような奇態な行動が話題になったボリス・エリツィンに代わり、ウラジミール・V・プーチンが大統領に就任した。

プーチンは元連邦保安局（FSB＝旧KGB）幹部であり、エリツィン政権では首相を務めていたが、その首相時代の一九九九年九月に、チェチェン共和国への侵攻が始まった。世界中の非難を浴びたこの行動も、ロシア国内では「大国ソ連」の復活を国民に印象づけることとなった。

ロシアでは伝統的に強い指導者の人気が高い。この強硬な姿勢が、その後のプーチンの大統領就任へつながることとなった。

一方、EU統合に向けて社会民主主義勢力が政権の主体となっていたヨーロッパ諸国のなかから突如として現れたのが、イタリアの中道右派連合政権である。この政権の中枢を担う政党「自由の家」を率いているのが、シルビオ・ベルルスコーニ首相である。

それまでの五年間、イタリアは、中道左派連合政権によりＥＵ統合に向けた政策を進めていた。これに対して「自由の家」など右派政党は、二〇〇一年五月の選挙期間中、しきりにＥＵのことを「ロシア型の連邦国家」と称して共産主義の脅威を訴え、国民の危機感を煽った。

結局、イタリア国民は、ベルルスコーニを選択し、五月一三日に行われたイタリア総選挙では、上院、下院ともに中道右派の各政党が過半数を獲得して圧勝した。

いままでのところ目立った動きはみられないが、ヨーロッパ各国がＥＵ統合に向けて一枚岩ではなくなったことは確かである。

また、軍事的緊張状態の続くイスラエルでは、和平交渉に尽力したエフド・バラク前首相に代わって、戦争好きで、パレスチナ人から殺人鬼と呼ばれて恐れられているイスラエル国防軍（ＩＤＦ）の元将軍、アリエル・シャロンが首相に就任した。

シャロン首相は、パレスチナ自治政府が支配する「完全自治区」も、レバノン領もお構いなしだ。反イスラエルの拠点はどこでも構わず「自衛」の名の下に叩く。ゲリラの夜襲に、正規軍の爆撃機の空爆で報復するといった調子である。まさに、イスラエルにも戦争内閣が誕生したのである。

世界はすっかり、話し合いを嫌う、力が支配する時代へと舵を切ってしまった。そして、ちょうど同じ時期に日本でも硬派の小泉首相が誕生している。

私は別に小泉首相が国粋主義者だとは思っていないが、就任早々、集団的自衛権の問題に前向きな発言をしてみたり、中国と韓国が反対するなか、靖国神社への参拝を強行してみたり、少なくとも左翼的な感覚をもった人ではないことは確かである。

このように、日本の小泉政権を含め、世界中で右傾化政権が誕生することになった。

これは、偶然といえば偶然かもしれない。だが、経済停滞による閉塞感のなかで、強いリーダーシップをもった人物の登場を待ち望んでいたのは、日本だけではなかったのである。

これら各国の国民が共通の思いをもっていたとも考えられる。

「資本の意志」から「支配の意志」へ時代は大きな転換期を迎えた

こうした世界の動向は、いったい何を意味しているのか——。

これはひとえに、世界が「支配の意志」を求めているということにほかならない。

「支配の意志」とは聞きなれない言葉かもしれないが、「資本の意志」同様、私の造語である。

「支配の意志」とは、要するに政治力、さらにいえば軍事力で、国家を、そして世界をリードしていこうという意志である。

簡単にいうと、これは経済よりも大きな力が世界を動かし始めているということである。

これまでは「資本の意志」のみに従って動いていた世界が、「支配の意志」に従って動き始めたということである。

二〇〇一年七月八日に、主要国首脳会議（ジェノバ・サミット）へ向けた財務相会合がローマで開催された。日本からは塩川正十郎財務大臣が出席したが、世界的な景気低迷になんら方向性を示すことができず、なんの具体的な政策も打ち出すことができないままに終わった。

通常のG7（主要七カ国財務省・中央銀行総裁会議）なら中央銀行の総裁が出席するところだが、サミットの準備会合という意味合いから、財務大臣のみの参加となり、踏み込んだ議論が行われることはなかった。

クリントン政権のころの蔵相会議には、日本から宮沢喜一大蔵大臣、日銀の速水優総裁が出席、アメリカからはロバート・ルービン財務長官、グリーンスパンFRB議長らが顔をそろえ、さまざまな駆け引きを展開した。そして、その成り行きが為替相場を大きく動かした。全世界が為替や経済の動きに注目し、蔵相会議を固唾を飲んで見守っていたのである。

それが、いまではどうだろう。目的意識もなく集まって、

「まあ、世界経済がこれ以上悪くならないように、みんなで頑張りましょう。日本は、一生懸命不良債権を処理してくださいい」

というまるでインパクトのないものになってしまった。具体性、話題性に乏しく、世界経

済を動かす影響力はなくなってしまった。

これはつまり、経済の動きがお金の動きと連動しなくなってしまったということだ。世界経済に大きな影響を与えるはずの経済大国の財務大臣の会合が意味を失ってしまったことを意味する。

「支配の意志」が働くようになると、経済、もっとはっきりいうと金融政策が働きにくくなってしまう。お金を動かすファクターとして、「力の意志」が大きな影響力をもつようになるのである。

金利の変動、そして財務長官やFRB議長のリップサービスなどでは、誰も、何も動かなくなってしまったのである。

こうして、二一世紀初頭の世界は、お金の政治から、武器の政治支配へと大きく変化したのである。

自由を保障することによって「資本の意志」を呼び込んだアメリカ

クリントン政権におけるアメリカの経済戦略は、マネー戦略で、世界中からアメリカに資金を集中させることによって経済の再生をはかることだった。

このマネー戦略を支えるために、クリントン大統領は、世界を平和に保ち、できるかぎり各国の自由を尊重するよう努めた。緊張や脅威、もしくは規制が存在する不自由な世界では、資本の自由な動きが妨げられるからである。

中国がロシア、北朝鮮（朝鮮民主主義人民共和国）と同盟強化に動くのを横目で見つつ、「（アメリカと中国は）よきパートナーだ」とまで公言したのも、自由を守るため、マネー戦略を維持するためだった。

アメリカの、こうしたなみなみならぬ努力によって世界の秩序は保たれ、マネーは自由に世界を動き回った。

ただし、「自由」と述べたが、これはアメリカにとっての自由で、マネーが日本やヨーロッパに向かう自由は含まれていない。すべてのマネーがアメリカに「だけ」向かうことを保障する自由だった。

マネーは、低金利から高金利へ、低成長の国から高成長の国へと自然に流れていくものである。つまり、より儲かるほうへ儲かる国へと、自由自在に動き回るのが、マネーがもつ基本的性質、すなわち「資本の意志」である。

すでにご存じと思うが、「資本の意志」というのは私の造語である。世界中で個別に行われている金融取引が、全体としてみたとき、あたかも一つの意志に導かれるように大きな流れをかたちづくっているようにみえる。そのお金の流れを「資本の意志」と名付けたのである。

クリントン政権下のアメリカは、この「資本の意志」を自国の市場のみに向かうよう巧みに操作することによって、未曾有の好景気を築き上げた。

しかし、この好景気も、二一世紀の到来を待たずに終焉を迎えてしまった。

二〇〇〇年の年初から年末のたった一年間で、ナスダックは三九パーセントも下落し、ニューヨーク市場も同じく一六パーセントの下落率を記録した。世界中の投資家を魅了し続けたアメリカ市場は失速し、ニューエコノミーという名の下に永遠に続くと思われていた繁栄は、すでに過去のものとなってしまった。

ブッシュ政権誕生とともに世界中で平和と逆のベクトルが働き始めた

次章で詳しく述べるが、日本にはアメリカと世界を救う二つのチャンスがあった。しかし、もはやその二つの方法論、すなわち量的緩和もマネー戦略も、日本政府には期待できないことがはっきりした。

日本の煮え切らない姿勢に業を煮やしたアメリカは、かねてから準備していた「伝家の宝刀」を抜かざるをえなくなっている。

それこそ「支配の意志」の究極の選択、すなわち戦争である。これからの経済は完全に「支配の意志」によって動くことになる。

そのため、クリントン政権時代のように、資金が自由に行き来するようなことはできなくなる。

すなわちこういうことだ。

資金を集めるときは自由なほうがいい。しかし、一度集めた資金を自由のままにしておくと、いまのアメリカ経済の状態から考えて、アメリカにとどまり続けるとは、とうてい考えられない。

世界中から呼び込んだ資金をアメリカにこのままとどまらせるには、どういう方法があるのか――。

そこで、マネーの活動に不可欠な自由を、力ずくで奪いとってしまおうということになった。

米ナスダック市場は、二〇〇一年三月までに、そのピークから六六パーセントも下落した。これはつまり、アメリカへ流入していた日本の資金も六六パーセント目減りしたということである。マネーの原理、すなわち「資本の意志」が正常に機能している時代なら、「冗談じゃない」とすぐに新たな市場を求めて資金はシフトしただろう。

しかしアメリカは、資金の流れを止めるため、あらゆるところに堤防をつくってしまった。

この堤防とは何か――。

ここでクリントン政権時代のアメリカが、マネー戦略を支えるためにとった行動を思い出してほしい。当時はマネーの動きを活発にするため、世界中から規制や脅威をできるかぎり取り除く努力をしていた。その結果、マネーは流れを滞らせることなく、自由に動くことができた。

今度はその逆のことをすればいい。世界中で緊張や脅威が起きるようにするのである。

現在の世界をざっと見渡してみてほしい。「自由」あるいは「平和」とは、明らかに逆のベクトルが働き始めていることがわかるだろう。

そして、私がさまざまなメディアで何度も警告していたように、とうとう大勢のアメリカ人が殺害されるテロ事件が起こった。

このように、世界中で緊張感を生み出す原因、必要性がアメリカにあったのである。そしてこれを果敢に実行したのがブッシュ政権である。

平和と地球のための国際協調は拒絶し、自ら宣言した戦争には国際協力を求める。まさにこれが、「支配の意志」を象徴するブッシュ政治である。

クリントン時代、平和へ向かうかにみえた北朝鮮との関係を振り出しに戻したのも、しばらく目立った動きをみせていなかったイラクを突然空爆したのも、ブッシュ政権である。クリントン政権時代にアメリカの「よきパートナー」だったはずの中国は、いまや仮想敵国となった。

クリントン前大統領が、沖縄サミットより優先させて実現しようとした中東和平にも、ブッシュはお世辞にも積極的だとはいえない。クリントンが世界にみせた和平への努力も実はブッシュの「支配の意志」実現のための下地でしかなかったことが、今回の「同時多発テロ」ではっきりした。

さらに、ブッシュが地球温暖化防止のための「京都議定書」からの離脱を表明したことはまだ記憶に新しい。

この離脱について、ブッシュ大統領は、次のように語っている。

「アメリカは、エネルギー危機に直面している。CO2削減義務を果たすには、天然ガスを大量に導入する必要があるが、それは不可能だ。アメリカの経済に悪影響を及ぼす計画を受け入れることはできない」

世界共通の目標であるCO2の削減を受け入れられない理由として、自国アメリカの経済に悪影響を及ぼす計画には賛成できない、と言い切っている。アメリカの国益に反するものには、なんでも反対なのである。

またアメリカは、二〇〇一年一一月に最終合意する予定だった生物兵器の開発、生産、貯蔵を禁止する生物兵器禁止条約（BWC）の検証議定書案を拒否している。これは、ひそかに生物兵器を製造していないか、お互いに調査・検証しようという条約である。

これを拒否した理由は、ブッシュ大統領に言わせると、バイオテクノロジー業界の企業秘密が守られないおそれがあるほか、アメリカの生物兵器に関する情報が流出し、国防に影響するからだという。京都議定書離脱とまったく同じで、国益を重視した、というより自国の国益のみしか眼中にない姿勢である。

そのほか、地下核実験を含めすべての核実験を禁止する包括的核実験禁止条約（ＣＴＢＴ）の否定など、数え上げたらきりがない。しかも、議論の場に出てくることすらせず、一方的に通告して、あとは知らん顔である。

これらはすべて、クリントン政権時代に決めた「国際合意」である。

クリントン前大統領時代のマネー戦略追求のためには、国際協調したほうが国益のためになった。しかし、マネー戦略に用がなくなったら、クリントン前大統領の約束など、さっさと反故にしてしまう。アメリカの本当の狙いが理解できない人にしてみれば、怒りを通り越して呆れてしまうほどだろう。

アメリカの政治と経済はやくざと詐欺師で成り立っている

ブッシュ大統領が何をしようとしているか、読者にはすでにもうおわかりだろう。

緊張や脅威を世界中で演出し、マネーの動きを阻害する。マネーの循環が滞ると、景気が悪くなる。当然、アメリカの景気も悪くなるから、アメリカの資産を表すニューヨーク・ダウやナスダック指数はますます下落する。

アメリカの株価が下がるということは、かつてマネー戦略によってアメリカに集まってい た資金、つまり日本やヨーロッパから流れ込んだ資金が目減りしてしまうことを意味する。

そして、大きく目減りしたとはいえ、まだアメリカに残っている海外資金は、「テロへの資金源を断つ」という名目で自由な動きが制限されてしまった。アメリカから出ていこうにも動きがつかなくなってしまったのである。

海外資金がアメリカ市場に釘付けになったところで、九月一七日、アメリカの株価は大暴落した。これで海外資金はすっかり目減りしてしまうことになった。

つまり重要なことは、アメリカの株価暴落によって、海外資金という名のアメリカの対外債務が減ってしまったのである。海外投資金の損はアメリカの得であり、アメリカの国益なのである。

ブッシュの戦争宣言と、テロリストの資金源を絶つためという名目で、国際金融取引の自由を極度に制限し、アメリカにある海外資金を人質として押さえ、これを使って新たな富をつくり出すのがブッシュ政権の仕事なのである。

では、どのようにして富をつくり上げるのか――。

それが、戦争なのである。

自らの金融の中枢部を攻撃させることにより、見えない敵に宣戦布告する。こうして世界中の誰でも、アメリカに対抗する者は誰でも、どこの国でも、アメリカの敵になりうる状態をつくりだした。

世界各国を疑心暗鬼にすることにより、国際間の緊張が高まる。こうして、世界の兵器需要を創造するのである。アメリカ国内に足止めをかけた海外資金を兵器産業に投入して大量の兵器を製造し、世界中に売りさばく算段なのである。

世界中に買わせた兵器を消費させるためには、世界的規模の戦争が必要なのである。

アメリカは、これまでの歴史をみても、経済政策が行き詰まり、金融政策も財政政策も効果を発揮できなくなったときは必ずといっていいほど戦争を起こしてきた。

ちなみに、前回、経済政策が暗礁に乗り上げたのは一九九一年のことだった。このときに起きたのが湾岸戦争である。そして、当時の大統領は奇しくもブッシュ現大統領の父親、第四一代大統領ジョージ・ブッシュだった。

戦争を引き起こして兵器を消費させることにより、自国の兵器産業を潤わせる。兵器を売るだけ売って国内の景気を浮揚させる……。

今度の戦争が終わると、アメリカの景気はすっかり元に戻っていることだろう。そうすると今度は力の政策の出番はおしまいになり、マネー戦略に戻る。戦争が終わってアメリカの景気が落ち始めると、今度はまたマネー戦略の時代が始まるのだ。そのときは再び民主党政権に戻ることになるだろう。

また、ジョージ・ソロスのようなマネーの呼び屋たちが活躍する時代がくる。そして、他国の金を引き寄せてアメリカの資産を増やす。このパターンは、ブッシュ元大統領からクリントン前大統領への移行のときと同じだ。

力の政策で世界中のお金をわが物のようにコントロールする、まるでやくざのような脅しの政権と、甘言で世界中のお金を巻き上げる詐欺師のような政権、この永遠の繰り返しがアメリカの政治と経済の本質なのである。

まさに戦争以外に考えられないブッシュ政権の顔ぶれ

そもそも、ブッシュ政権が、戦争を起こすために成立したものであったことは、その閣僚の顔ぶれから一目瞭然である。

まず、リチャード・B・チェイニー副大統領は、現大統領の父親が大統領だった一九八九年に、国防長官に就任している。そして、その年の五月のパナマ侵攻、一九九一年一月の湾岸戦争における「砂漠の嵐作戦」の指揮をとった。近年、これほどまでに大きな軍事作戦を二つも指揮した国防長官は珍しい。

一九九三年に国防長官から退いた後は、ハリバートン・カンパニーという油田関連の会社のＣＥＯ（最高経営責任者）を努めている。まさに、産軍複合体制を自ら体現する人物である。

コリン・Ｌ・パウエル国務長官は、経歴三五年というバリバリの職業軍人である。一九八九年には、米軍制服組トップの統合参謀本部議長に就任し、湾岸戦争ではチェイニーの下で「砂漠の嵐作戦」を成功させ、「国民的英雄」となった。

ドナルド・ラムズフェルド国防長官は、フォード大統領時代の一九七五年に史上最年少で国防長官に就任している。その後は実業界に身を置いていたが、その間もレーガン政権では軍事戦略関連の委員を数多く務めていた。

ラムズフェルドについて特筆すべきことは、アメリカの著名なシンクタンク、ランド研究所の理事という経歴である。

アメリカのシンクタンクは、ホワイトハウス、議会、国務省、ペンタゴン、ＣＩＡなどをはじめとするあらゆる政府機関、共和党、民主党、さらには企業、大学などと密接な関係を保ち、政策研究および提言を行っている。

ランド研究所は、第二次世界大戦後にアメリカ空軍の要請によって設立されたシンクタンクで、これまで重要な政策決定にかかわってきたことで知られている。最近、「米国とアジア」という軍事戦略報告書を作成しているが、「アメリカの二一世紀の戦略にとっての最大の挑戦は、中国の台頭である」と明言し、ブッシュ政権の対中国強硬路線を後押しする内容となっている。

このように、外交および国防をつかさどる閣僚たちは、いずれも軍事面において華々しい経歴をもった人材である。

アメリカという国柄、軍事面で優れた経歴をもつ人材が閣僚に加わるのは当然ではないか――という反論があるかもしれないが、これは違う。

クリントン政権時代の閣僚の経歴を見てみることにしよう。

大統領選でブッシュに敗れたアルバート・ゴア副大統領の軍歴は、ベトナム戦争の志願兵だったというぐらいのものである。下院議員、上院議員を歴任して議会内でのし上がり、副大統領の座を射止めた典型的な政治家である。

ウイリアム・コーエン国防長官は過去に軍事関連の要職に就いた経験がない。上院議員時代に兵器の知識が豊富でその名を知られた人物だが、要するにただの「軍事オタク」にすぎない。

マドレーン・オルブライト国務長官は、ボスニア介入に積極的な発言を繰り返し、慎重だったパウエル統合参謀本部議長（当時）と激論を戦わせ、すっかりタカ派のイメージが定着している。しかし、チェコ生まれのユダヤ人で、子育てを終えてから三九歳ではじめて職についたオルブライトには軍歴も軍関係の経歴もない。

ブッシュ政権では、パウエル国務長官が前面に出ることが多いが、前クリントン政権では財務長官のポストが重要視されていた。ロバート・E・ルービン元財務長官の活躍ぶりは、いまなお記憶に新しい。

しかし、ブッシュ政権のポール・オニール財務長官が注目を集めることはほとんどなくなってしまった。

オニールは、就任時の記者会見でしきりにグリーンスパンFRB議長との親密な関係をアピールしていた。彼は世界最大のアルミ総合メーカー、アルコア社のCEOだったが、彼をCEOにしてくれたのが、当時同社の社外重役だったグリーンスパンである。それ以来の付き合いだというが、グリーンスパンの神通力がすっかり影をひそめてしまった現在、たとえ彼と仲がよかったとしても、もはやアピールするものは何もない。

アメリカ有数の証券会社、ゴールドマン・サックスの共同会長を務めたロバート・E・ルービンや、世界銀行のチーフエコノミストであったローレンス・サマーズなど、クリントン政権の歴代財務長官と比べると、ことウォール・ストリートでの知名度という点からみれば大きく見劣りする。事実、オニールの名は、財務長官就任まで、金融関係者にはまったく知られていなかった。

ブッシュ政権の財務長官候補としては、ルービンのほかにチェース・マンハッタン銀行のウォルター・シプリー前会長、大手証券会社ペインウェバーのドナルド・マロン会長、クレディ・スイス・ファースト・ボストン銀行のジョン・ヘネシー前会長などの名があがっていた。

ブッシュ政権が、多少なりとも金融政策を重視するつもりであったら、このなかから財務長官を選んでいたことだろう。これらの候補者はいずれも、オニール財務長官より金融の世界での経験がはるかに豊富である。しかし、ブッシュ大統領は、金融の経験のないオニールを財務長官に選んだ。

このように、ブッシュ政権は、軍事面については現在考えられる最高のスタッフで固める一方、金融・財政面についてはおざなりともいえる人事でお茶を濁している。まさに、戦争遂行政権なのである。

以下、この戦争遂行政権が、どのように戦争の準備をしていたのか、検証していくことにしよう。

中東とアジアの緊張感を維持するアメリカの新「二正面戦略」

アメリカには「二正面戦略」といわれる軍事戦略がある。要するに、アメリカにとって二つの危機エリアがあるという想定である。二つの危機エリアとは朝鮮半島と中東のペルシャ湾岸地域のことで、この二地域で同時に大規模戦争が起きた場合に、その両方に対処可能な戦力を保持するというのが二正面戦略である。

冷戦終結後、北朝鮮やイラクといった独裁国家を、旧ソ連に代わる新たな脅威と位置づけて採用された軍事戦略だが、二〇〇一年六月、ドナルド・ラムズフェルド国防長官は、この二正面戦略は「もはや機能していない」と議会で明言し、見直す方向で作業を進めていることを明らかにした。

この点について、ブッシュ大統領はまだはっきりした発言をしていないが、私はアメリカはすでに新戦略を確立したとみている。

ではこれからの新しい戦略とは何なのか——。

「中東＝戦争」「アジア＝緊張」という新たな二正面戦略である。

従来の二正面戦略は、先にも述べたように二地域で同時に大規模戦争が「起きた」場合を想定したものだったが、新しい二正面戦略は、一方では実際に戦争を「起こし」、もう一方ではいつ戦争が起きてもおかしくないぐらいに緊張感を高めておくというものである。

戦争は、単純な国と国の感情的な衝突によって引き起こされるものではない。れっきとした経済政策の一つである。

財政政策も金融政策も、アメリカ経済を再浮上させることが不可能なことがはっきりしたいま、アメリカの選択肢はもはや戦争政策しか残されていない。これからアメリカは、さまざまな手段を講じて世界中で軍事的緊張感を高めていくことになる。まさに、九月一一日の同時多発テロ事件は起こるべくして起きたものと考えられる。

この事件の結果としてアメリカは、アメリカに対抗するものすべてに「前もって」宣戦布告したのだから、まさにアメリカを中心とした軍事緊張を見事につくりあげてしまった。

今後、アメリカの描いているシナリオとはどんなものなのか、これを検証してみることにしよう。

まずは、中東がどうなっていたか、である。

二〇〇〇年一〇月に行われたアラブ首脳会議で、親米国サウジアラビアを含む参加国が全会一致で「パレスチナ情勢悪化の責任はイスラエルにある」と決議し、反イスラエル一色となった。一方、イスラエルでは超タカ派として知られる右派リクードの党首、アリエル・シャロンが首相に就任した。これにより、イスラエルはますます孤立の色を強めることになった。

その後、二〇〇一年五月には、アラブ外相協議がイスラエルとの政治的接触の停止をアラブ各国に呼び掛ける声明を発表するなど、イスラエル対全アラブ諸国という対立は、ますます深刻なものとなってきている。

このように孤立無援の状況であるにもかかわらず、イスラエルはパレスチナに対するあからさまな軍事行動をやめようとしていない。

「バラク政権の政策はすべて否定する」と言って首相に就任したシャロンは、首相就任と同時にヨルダン川西岸地区のウエストバンクの新道を封鎖、パレスチナの学校や病院などの施設が集中している地区を完全に孤立させた。

さらに、パレスチナの経済拠点であるラマナ市を戦車部隊で包囲し、イスラエル軍のパトロールを強化、パレスチナを経済的、軍事的に圧迫している。

パレスチナ自治区の国境周辺は完全にイスラエルに囲まれており、まるでイスラエルの監視下にあるような状態だ。自爆テロなどでイスラエル人が殺されれば、すかさず報復攻撃を行う態勢ができている。

パレスチナのヤセル・アブデル・ラボ情報大臣は、「いまや、パレスチナの各都市は完全にイスラエルの牢獄と化した」という声明を発表している。

こんな状態で、中東に和平が訪れることなどありえない。戦争への準備は着々と進んでいたのである。

こうしたなか、二〇〇一年六月七日、ジョージ・テネットCIA長官がイスラエル入りし、シャロン首相に対し、和平へ向けて一層の努力をするよう要請したと伝えられた。

私はこのニュースを聞いたとき、直感的に「おかしい」と感じた。もちろん名目上は、パレスチナとイスラエルの和平のために派遣されたということになっているが、アメリカが本気で中東和平を実現させようと考えているなら、ラムズフェルド国防長官かコリン・パウエル国務長官が訪問すべきだろう。

なぜ、和平交渉の責任者が、CIAという諜報機関から派遣されたのか――。

私はこのとき、「テネット長官が新たな戦争工作のために」イスラエルを訪問したことを直感した。それまでもアメリカは、入念に中東戦争へ向けた工作を続けていたからである。

中東の「戦争」へ向けた工作はクリントン時代から進められていた

中東での戦争へ向けた工作は、クリントン政権時代から続けられてきた歴史がある。

アメリカは、一九九八年八月に起きたケニアとタンザニアのアメリカ大使館爆破事件を、イスラム過激派の仕業と断定した。

状況から、爆破そのものがイスラエルとアメリカの「やらせ」の可能性が否定できないなかで、アメリカの裁判所はイスラム過激派の仕業だという判決を下そうとしている。

しかも、その判決予定日は、あの同時多発テロ事件の翌日九月一二日とされていた。濡れ衣を着せられた仲間が処刑されるのだから、イスラム国家の反米感情は高まっていた。そして、アメリカ人一二人を含む二五八人の死亡者、五〇〇人以上の負傷者を出した爆破事件の惨状に、アメリカの反イスラム感情も高まっていた。

イスラム過激派は九月一二日の判決を阻止しようとし、アメリカは判決の日までになんとしても主犯と考えているオサマ・ビンラディン氏を捕まえたかった。

アメリカはビンラディン氏を攻撃するために、一九九九年にはアフガニスタン国内で六〇人のパキスタン特殊部隊の訓練を行ったり、ひそかにビンラディン氏の身柄拘束へ向けて準備を進めていたのである。

しかし、この計画は全面協力していたパキスタンのシャリフ政権が、一九九九年一〇月に軍部のクーデターによって転覆したため、頓挫した。このクーデターを率いていたのが現大統領のムシャラフ陸軍参謀長である。しかし、アメリカは、ビンラディン逮捕を諦めたわけではない。

ケニアとタンザニアのアメリカ大使館爆破事件の真犯人については、イスラエルがなんらかのかたちでかかわっていた可能性が高い。アメリカはイスラエルの工作を容認し、罪をイスラムに被せようとしているとみられる。

また、クリントン前大統領の仲介で、イスラエルのエフド・バラク前首相とヤセル・アラファトPLO（パレスチナ解放機構）議長のあいだで和平交渉が続けられたが、その結果は二二年間の長きにわたってヨルダンに駐屯していたイスラエル軍の撤退とイスラエルの入植地の減少だった。

イスラエルにとって和平とは、失うことでしかなかった。イスラエル軍のヨルダン撤退が開始されたとたん、イスラエル国境ではあっという間に戦闘が始まり、四〇〇人を超す犠牲者を出す事態となった。和平はイスラエルにとって国益に反するものだった。これによりイスラエルは、和平のバラク前首相を捨て、戦争のシャロン首相を選んだのである。

シャロンは、一九八二年のレバノン侵攻の際に国防大臣として軍を指揮し、パレスチナ難民数千人の大量虐殺を引き起こした。また、ネタニヤフ政権では外務大臣を務めていながら、和平交渉の相手であるアラファト議長との握手を拒否したことで知られている。

建国以来、イスラエルにとって「和平」とは、安全と領土を失うことだったのである。イスラエルにとって、「戦争」こそが安全と領土の確保できる唯一の手段なのである。

クリントン前大統領が中東和平に力を入れていたのは、先にも述べたとおり、マネーの動きを滞らせたくなかっただけのことだ。

しかし、その裏にはアメリカ大使館爆破事件の疑惑があった。またアメリカは、イスラエルの不満を高めるとともに、イスラエルの苛烈なパレスチナ自治区支配を容認し、着々と中東戦争の準備を重ねていたのである。

そしてアメリカはクリントン前大統領からブッシュ大統領へ、イスラエルはバラク前首相からシャロン首相へ、それぞれ戦争実行へ向けて内閣の体制が整ったのである。

その一方で、親米だったサウジアラビアをはじめ、エジプトやクウェートまで、アラブ諸国は反米、反イスラエル色を強めていった。

二〇〇〇年一〇月に行われたアラブ首脳会議では、親米国サウジアラビアを含む参加国が全会一致で「パレスチナ情勢悪化の責任はイスラエルにある」と決議し、反イスラエル一色となった。

さらに、サウジアラビアは二〇〇一年になって、一九九一年の湾岸戦争以来、同国に駐留している米軍主体の多国籍軍に関して毎年八月末にアメリカ政府と行っている軍事協議を拒否した。これに関して、サウジアラビアのファイサル外相は、「パレスチナ問題に関してアラブ諸国は我慢の限界に達している。アメリカにはイスラエルの攻撃をやめさせる責任がある」と、アメリカを強く非難した。

これは、戦争を起こしたいアメリカとイスラエルにとってはたいへん喜ばしい状況といえる。

テネットCIA長官がイスラエルに派遣されたのも、アラブ諸国がこのように反米、反イスラエルに固まりつつある状況下、新たな軍事戦略工作を実行するためだったのである。

しばらくしてパウエル国務長官も中東を訪れたが、なんら中東和平に進展はなかった。これは当然だろう。アメリカには最初から解決するつもりなど毛頭なかったからである。

ブッシュ大統領はその後、パレスチナとイスラエルのあいだで小競り合いが起こるたび、「両国ともよく話し合って、一日も早く平和をもたらすべきだ」といった主旨の声明を繰り返しているが、これはいわゆる「口先だけのこと」で、いっさい具体的な提案も行動もとっていない。

もちろんブッシュ大統領は、表立って「戦争をしろ」とは言わなかったが、本音で中東和平を望んでいたわけではない。

アメリカにとって中東諸国は、大量に兵器を買ってくれる大事なお客さまであると同時に、サウジアラビアはじめ原油の利権がからんだ最重要地域である。イスラエルが原因でアラブ諸国と対立することは得策ではないが、緊張が緩むと、サウジアラビアのようにアメリカに非協力的な国が出てくる。

アメリカは、中東のタガが緩んできたことを懸念していた。表向きの和平でごまかすことがいよいよできなくなってきていたのである。

「サダム・フセイン＝悪」のイメージづくりにまんまと成功した制裁緩和提案

一方でブッシュ大統領は、イラクに対する挑発行為も盛んに行っている。

まず大統領就任直後の二〇〇一年二月一七日、アメリカ空軍とイギリス空軍は、イラクの首都バグダッド郊外にある対空防衛司令部やレーダー施設など、合計五カ所の軍事施設に対する空爆を行っている。

この時期、とくに緊張が高まっているとは思えないイラクに対し、なぜ事前警告もなしに空爆を行ったのか――。

戦争好きのサダム・フセイン大統領を挑発することで、中東の火種をさらに大きいものにするためである。

アメリカ側は、飛行禁止空域で偵察飛行中の米英機に、ミサイル照準のためのレーダー波の照射がなされていることに対する自衛行為だと述べているが、もちろんこれは言い訳である。

そもそもこの飛行禁止空域とは、一九九一年の湾岸戦争終結後にアメリカとイギリスが勝手にイラク国内に設定したもので、北緯三六度以北はクルド人保護のため、北緯三二度以南はシーア派イスラム教徒を保護するためであると説明されている。

しかし、この飛行禁止空域の設定は、湾岸戦争の停戦合意には含まれておらず、その後の国連の安全保障理事会で定められたわけでもない。つまり、アメリカとイギリスが勝手に決めたもので、イラクが主権の侵害だと非難するのは当然である。

したがって、イラク側にしてみれば、米英の偵察機飛来は明らかな領空侵犯なのである。

さらに二〇〇一年五月二二日、アメリカ、イギリスの両国はイラクへの国連経済制裁を大幅に緩和し、民生品の禁輸措置を全面解除する決議案を提出した。現在のところ、食料品と医薬品に限って輸出することが認められているが、この決議案では原油の輸出によって得た利益で、軍事関連物資を除いたあらゆる民生品の購入が認められることになっていた。

イラクにとっては喜ばしいことのはずだが、サダム・フセイン大統領はこの案を「これまでの制裁以上に馬鹿げている」と言い放ったという。

このフセイン大統領の発言を聞いた人は、「やっぱりフセインは頭がおかしい。とんでもない独裁者だ」というイメージをもったかもしれない。制裁を緩和するのに、何が悪いのかと思うだろう。

しかし、アメリカもイギリスも、この制裁緩和がイラクに受け入れられると考えてなどいなかったのである。目的は別のところにあったのだ。つまり、制裁緩和を提案しても、フセイン大統領がこのような反応を示すのが最初から十分わかっていながら制裁緩和を提案したのである。

現在、イラクが原油を輸出する場合は、すべて国連に申請しなければならない。国連の許可がおりてはじめて輸出することができる。

そして、その原油の代金がどこへいくかというと、直接イラクに入るわけではなく、国連の信託口座に入金される。イラクが物資を買う場合も、同じ流れになる。国連に輸入希望の申請をして決裁を受けると、この信託口座からイラクの輸入先に代金が渡ることになっている。

ところが、この国連の監視システムはうまく機能していない。というより、お世辞にも真面目に監視しているとは思えないのだ。

現にイラクは、このザルのような監視の目をかいくぐり、隣国のシリアやヨルダンに原油を売りさばいている。この裏取引によって得た資金は、当然、兵器の購入にあてられる。こうした状況下で、経済制裁が緩和されたらどうなるか――。

原油の輸出は、原則として自由になる。しかし、原油の代金が国連に入金される仕組みは変わらない。すなわち、原油の輸出によって得た資金の動きが捕捉されてしまうことになる。フセインにとって、なんのメリットもないどころか、かえって不都合である。

緩和という名のさらに広範囲にわたる規制なのである。これまでの制裁措置でイラクの原油輸出の動きを誰もコントロールすることができなかったので、制裁緩和で逆に監視を強めようというアメリカの意図が見えみえである。

ここで制裁を解くということは、今後はこの動きをアメリカとイギリスでコントロールするという意思表示にほかならない。

イラクにしてみれば、制裁緩和という甘い言葉で喜んでいる場合ではない。これまでの裏取引が難しくなる。つまりは、さらにきつい制裁を意味するのである。兵器購入の命綱になっている石油輸出のすべてをアメリカとイギリスにコントロールされるという状況を、イラクが認めるはずなどない。この制裁緩和は、当然のように一年の延長が決定された。

こうした裏事情があることは、一般の人にはわからない。だから、制裁緩和に対するイラクの反応を聞くと、「何を考えているんだ。頭がおかしいんじゃないか」などと思ってしまう。アメリカの狙いは、親切に制裁を解くと言っているのに言うことを聞かない、「やはりイラクは危険な国だ」と、イラクの悪イメージを全世界に印象づけることである。

そして、これは見事に成功した。

このように、ブッシュ政権は、一日一日と中東における緊張状態を高め、いつ戦争が起きてもおかしくない状況をつくり上げてきたのである。

ＮＭＤ構想で狙いどおりアジアの緊張を高めたブッシュ政権

次に、アメリカがアジアの緊張をどのように演出しているかについて述べてみよう。

今後、この「アジアの緊張」というドラマの主役を演じるのは北朝鮮ではない。台湾と中国がその役割を果たすことになる。

この中台間の緊張のシナリオについて考察してみることにするが、その前に、現在ブッシュ大統領が最重要視している、米本土弾道ミサイル防衛構想（ＮＭＤ構想：National Missile Defense Program）について説明しておこう。

ＮＭＤ構想とは、全米五〇州を敵の弾道ミサイルから守るための迎撃システムを建設する計画のことである。

アメリカのマスコミは、ブッシュ政権が現在約一〇万人いる欧州駐留米軍のうち、約一万五〇〇〇人を撤収させ、浮いた経費をミサイル防衛構想に回すことを検討中と報じた。これからもわかるように、ブッシュ大統領がＮＭＤ構想を軍事戦略・国防政策の柱として押し進めていくことは間違いない。

ブッシュ大統領は就任以来一貫して、この構想を進めるために世界各国に理解を求める活動を続けてきた。

これに対して、ロシアは反対の立場を変えていない。プーチン大統領は反対の理由として、一九七二年、アメリカと旧ソ連の二カ国間で締結した弾道弾迎撃ミサイル（ＡＢＭ）制限条約をあげている。

ＡＢＭ制限条約とは、大陸間弾道ミサイル（ＩＣＢＭ）や潜水艦発射弾道ミサイル（ＳＬＢＭ）を迎撃するミサイルシステム（弾道弾迎撃ミサイル）の展開を制限するため、米ソ間で締結された条約である。

この条約が足枷になって、アメリカは思うとおりの政策が実現できない。

二〇〇一年八月に行われた米ロ国防相会談の場において、アメリカのラムズフェルド国防長官は、このＡＢＭ制限条約を「過去の遺物」だとして撤廃を求めたが、ロシアのイワノフ国防相は「われわれはこの条約が、いまだ国際安全保障を支える主要な要素と考えている」と主張し、会談は物別れに終わっている。

そして、ついにブッシュ大統領は、ABM制限条約を「アメリカの時間表に従って都合のいいときに脱退する」と宣言した。

京都議定書や包括的核実験禁止条約のときと同じく、あまりに一方的で傲慢な行動だが、これまでブッシュ政権が、国際条約をどのように扱ってきたかを考えれば、もはや驚くに値しない。「ああ、またか」である。

もちろん中国も、このNMD構想には反対である。アメリカのNMDの仮想敵国は中国であり、アメリカが迎撃ミサイル網を完成させれば、中国のミサイルはすべて無力化してしまうからである。

中国は、「世界をアメリカの軍事戦略の独壇場にすることは許せない」という表現を使っているが、要するに、自国のミサイルが無力化することがあってはならじと反対しているのである。

こうした状況下、なぜアメリカは、強硬にミサイル防衛システムを推進しようとしているのか——。

ミサイル防衛システムを推進した場合、アメリカがどのような立場に置かれるかということを考えればわかるだろう。

当然、アメリカは四面楚歌になるだろう。ヨーロッパも中国も、おそらく全世界の世論が反対する。そしてアメリカは世界から孤立していく。いや、「アメリカは」という言い方は正しくない。正確には、「アメリカとその同盟国は」と言ったほうがいいだろう。

現在アメリカは、ＮＭＤと並ぶミサイル防衛システムとして、戦域ミサイル防衛構想（ＴＭＤ構想：Theater Missile Defence System）を推進している。

ＴＭＤ構想とは、アメリカのミサイル防衛構想のうち、在外米軍やアジア、中東の同盟国など、特定地域を対象とするものである。日本政府は一九九八年に日米共同でこのＴＭＤ構想に関する技術研究を決定し、自衛隊のイージス艦からミサイルを発射して敵のミサイルを撃ち落とす研究を進めている。

現在アメリカは、とくにアジア地域におけるＴＭＤ構想の推進に力を入れており、日本および台湾を巻き込んで、アジアでＴＭＤ網をつくろうとしている。その対象、つまり仮想敵国は中国である。

中国は、二〇〇〇年六月の南北朝鮮首脳会談に対し支持を表明したが、このことは中国が軍事脅威による覇権政策から、平和手段による覇権政策へと方針を転換したことを意味していた。しかし、なりふり構わず軍事政策を推し進めるブッシュ大統領の登場により、中国は政策の再転換を迫られることになった。

アメリカがＴＭＤ構想という防衛戦略を進めれば進めるほど、アジアの緊張は高まってくる。そして、中国との関係が悪化すればするほど、またロシアとの対立関係が明確化してくるのである。

ロシア空軍の日本領空侵犯はアメリカへのデモンストレーション

あまり大きく報じられなかったため、ご存じの方は少ないかもしれないが、二〇〇一年二月一四日にこんな事件が起こっている。

ロシア空軍機スホイ27戦闘機二機と、ツポレフ22バックファイア爆撃機二機の計四機が宗谷海峡の日本領海上空に飛来、二度にわたって日本の領空を侵犯したのである。

日本はロシア軍の日本領空侵犯に対し厳重に抗議したが、当初、ロシア国防省は、戦闘機四機が日本付近を飛行したことについては認めたものの、領空侵犯についてはいっさい否定していた。

ところがその後、ロシアの新聞が、これら一連のロシア軍の行動は核戦争を想定して実施された大規模な軍事演習の一環だったことを暴露した。

この演習は、国際的軍事紛争が戦略核ミサイルの応酬へと発展した場合、ロシア軍が太平洋上に展開する米空母艦隊へ攻撃を加える、という想定のもとで実施されており、日本領空の侵犯もその一環として行われたものだったのである。

同紙によると、演習は二月一三日～一六日にわたって行われ、ロシアの軍事基地からは大陸間弾道ミサイルも発射されている。

この演習は、単なる軍事演習ではない。現在、アメリカが躍起になって進めているＮＭＤ構想への警告という目的があった。ロシアは、たとえアメリカがＮＭＤを完成させたとしても、ロシア軍は核戦力でそれに対抗しうる能力をもっていることを、この演習によって誇示したのである。

それだけではない。もう一つ、重要な意図が隠されている。

台湾と中国とのあいだで軍事的抗争が起こった場合、ロシアが中国に対してどんな貢献ができるかというデモンストレーションの意味もあったのである。

すなわちこういうことだ。ブッシュ大統領は以前、中台問題について次のように発言している。

「中国が台湾を攻撃するような事態が起こったら、アメリカには台湾防衛の義務がある」

この言葉からも明らかなように、中台間に軍事衝突が発生した場合、アメリカが日本や韓国の基地から米軍を出動させることは間違いない。

しかし中国側としては、日韓の駐留米軍が出撃するような事態になるのはどうしても避けたい。

そこで必要となってくるのが、ロシアのバックアップである。そのためロシア軍は、ミサイル演習だけでなく、「米軍が参戦するようなことがあれば、そのときはわれわれも出ていく」とばかりに日本の領空侵犯、デモンストレーションを行ったのである。

対米を軸にして中ロの軍事同盟に北朝鮮が追随することになった

これにより、中台間で軍事抗争が勃発した場合、ロシアが中国を支援することがはっきりした。そこで注目されるのが、中国の動きである。

まず、二〇〇一年三月に行われた全人代（全国人民代表大会）において、前年比一七パーセント増の一四一〇億元（約二兆円）にも上る国防費を予算計上した。そして、ロシアからゾブレンヌイ級ミサイル駆逐艦二隻、ＡＷＡＣＳ（空中警戒管制機）などを含む大量の兵器を購入し、ロシアとの関係を一層強固なものとしたのである。

さらに、二〇〇一年七月、中国の江沢民国家主席がロシアを訪問し、プーチン大統領と首脳会談を行っている。

会談は、一九八〇年に失効した「中ソ友好同盟相互援助条約」に代わる新基本条約を締結するために行われた。そして、七月一六日には、新条約「中ロ善隣友好協力条約」が締結されている。

この条約は、中ロ両国が、互いに核兵器による先制攻撃を放棄するとともに、いずれかの国に侵略の脅威が発生した場合、直ちに二国間で協議することを定めている。またロシアは、台湾を中国の領土の一部であると認めると同時に、中国はロシアの国家統一に関する政策を支持することが明記されている。

内容をみてわかるとおり、この条約は表面上「友好協力条約」となっているが、事実上の軍事同盟であるといっていい。

ロシアが「台湾を中国の領土の一部である」と認めているのだから、中台間で軍事衝突が起こり、中国が米軍と戦闘状態になるような事態になれば、ロシアはこの条約を盾に、堂々と対米戦争に参戦できるのである。

そして、この中ロ同盟に加わってきたのが北朝鮮である。

二〇〇〇年六月、韓国の金大中大統領と、北朝鮮の金正日総書記による歴史的な南北会談の実現により、朝鮮半島統一も間近かと思われた。しかし、南北会談から一年以上が経過した現在でも、両国の統一に向けた動きには、なんの進展もみられない。

なぜなのか――。

その間に、金正日総書記がロシアを訪問し、プーチン大統領と首脳会談を行った。両首脳はこの会談で、北朝鮮の脅威を理由にしたアメリカのミサイル防衛構想に、ともに反対する立場を表明している。

つまり北朝鮮は、ロシアや中国との関係を強化することで、アメリカの対北朝鮮強硬政策に対抗していくことを選択したのである。

これで朝鮮半島統一の実現は、ひとまず遠のいてしまったとみていいだろう。

アメリカの戦略で絶妙な均衡を保つ中台軍事バランス

ここで、台湾をめぐる動きを見てみることにしよう。

二〇〇一年四月三〇日、台湾は大量の兵器をアメリカから購入した。キッド級駆逐艦四隻、P3対潜哨戒機一二機、ディーゼル潜水艦八隻、MH53―E機雷掃海ヘリコプター、MK48M最新鋭魚雷、AAV71A1強襲水陸両用車、パトリオット地対空ミサイルシステムなどである。

台湾としてはかつてないほどの大量な兵器の購入となったが、このなかにはイージス艦が含まれていない。イージス艦は、同時に多数のミサイルに対処でき、いずれ弾道ミサイル攻撃に対する防衛に威力を発揮することになるといわれている最新の艦船である。当初、アメリカは、このイージス艦も売却するといっていたが、最終的には見送られた。

これには二つの事情があった。

一つは、アメリカと中国とのあいだで行われた政治的駆け引きである。

二〇〇一年四月一日、南シナ海沖でアメリカ軍の電子偵察機ＥＰ３と中国のＦ－８戦闘機が接触、アメリカ軍偵察機が中国領海南島に不時着するという事件が起きた。

その後、中国側は偵察機の乗組員を拘束したうえ、偵察機の機体をくまなく調査した。アメリカはこの調査を非難、乗組員と機体を早急に返還するよう繰り返し声明を発表したが、中国が偵察機の返還に応じたのは、すべての調査が終わったと思われる六月になってからだった。

この一件は、偵察機の機体を調査されたアメリカ側が不利なように見えるが、実際は中国の完敗に終わったのである。

この偵察機は中国軍の最新潜水艦の技術データ収集、演習の動向の探索などを行っていた。通常、こうした偵察機が予定外の地へ緊急着陸もしくは不時着した場合には、データが外部に流出することがないよう、収集したデータはすべて消去することになっている。

しかし今回のケースでは、データはすべてそのままの状態だった。消し忘れたわけではない。あえてデータを残したままにしておいたのだ。

なぜか――。

アメリカは、中国が調査することを承知のうえでデータを残した。偵察機の調査によって、データが完璧に把握されていることに気づいた中国側は、おそらく愕然としたはずである。アメリカの偵察衛星は、地上の一〇センチの物体を見分ける解像度があるといわれているが、偵察機のもっていたデータはもっと詳細なものだったはずだ。このうえ、台湾にイージス艦が配備されれば、もはや中国は軍事的に打つ手がなくなってしまう。

このデータから、中国は、アジアの覇権はおろか、台湾との軍事競争にも敗北する可能性があることを読みとったはずだ。

これによって中国は、偵察機の乗組員返還と引き換えに、台湾にイージス艦を売却しないようアメリカに要請することになった。

しかし、アメリカはしたたかだ。アメリカは中国からの要請がなくても、最初からイージス艦を台湾に売るつもりなど毛頭なかったのである。

アメリカは、表向き「台湾側の受け入れ準備が整っていないから」という理由で売却を差し控えたとしているが、本当の思惑はそうではない。

いま台湾がイージス艦を手に入れると、台湾と中国の軍事バランスが均衡してしまう。現在のアメリカにとって、一番避けたい事態こそ、この軍事的均衡、すなわち平和である。アメリカが求めているのは緊張であって平和ではない。これがイージス艦売却見送りの、二つ目の事情である。

どういうことか――。

台湾がイージス艦を保有したら、中国から飛来するミサイルはすべて撃ち落とすことができる。これはすなわち、中国の台湾に対する攻撃力が事実上無力化することを意味している。こうなると、台湾と中国のあいだで力の均衡が保たれる。すなわち平和が訪れてしまう。「これだけ軍事力を高めておきながら何が平和だ」という向きもあるだろうが、それは平和の本質を理解していない人の意見である。

日本には戦争放棄を謳った日本国憲法を「平和憲法」などと呼び、絶対不可侵なものとしてあがめ奉っている人たちがいるが、この世の中には残念ながら彼らの想像する楽園のような平和など存在しない。よかれ悪しかれ、核をコアとする軍事力バランスの上に成り立っている平和なのだ。本当の平和とは、脅威と脅威のバランスが均衡している状態のことである。

台湾にイージス艦が配備されれば、台湾と中国のパワーバランスが均衡を保ってしまう。つまり中台間に「平和」が訪れてしまう。

これはアメリカの望むところではない。緊張感がほしいアメリカとしては、中国のミサイルが一発ぐらい台湾に命中する状態をキープしておきたい。

だからこそアメリカは、台湾にイージス艦だけを除いて、その他多種多様な大量の近代兵器を売却したのである。これによって台湾の軍事力は飛躍的に向上したが、中国との力関係を考えると、まだ微妙に中国側に傾いている状態である。これこそ、まさにアメリカの望むアンバランスなのである。

こうしてアメリカの手により軍事的に絶妙なアンバランス状態となった中台両国は、ともに大規模な軍事演習を行うことで相手を威嚇し始めた。

二〇〇一年八月二一日、中国の人民解放軍は、福建省東山島において、過去最大規模の陸海空共同合同軍事演習を行っている。一方、台湾でも空中給油やミサイルの高速装着といった軍事演習が行われている。

そしてこれらの演習と時を同じくして、アメリカ軍も二隻の航空母艦を中国南部に停泊させて軍事演習を行っている。

中台間におけるこうした動きは、今後もしばらく続くとみていい。

アメリカの戦争政策が軍事大国ロシアを蘇らせる

いまの中国は、言ってみれば「張子の虎」であり、アメリカが恐れる理由などどこにもない。アメリカと中国が直接戦争しなければならない理由など、どこを探しても見当たらない。

これは当然である。アジアの緊張の最大の原因は台湾と中国であり、アメリカと中国ではないからだ。

ところがアメリカは、中国が弾道弾ミサイルを開発して、明日にもワシントンへ向けて発射するかのような危機感の創造に努めている。中国が軍事演習を行えば、アメリカもまるで挑発するかのように中国近海で演習を行う。まるで戦争前夜のような緊張感を維持している。

しかし、本当にアメリカが中国のミサイルを脅威と感じているのであれば、台湾にイージス艦を与えさえすれば解決する問題である。

台湾にイージス艦があれば、中国からのアメリカへのミサイルを迎撃することが可能になるのだから、もはやアメリカはそれ以上、TMDシステムを推進する必要はなくなるはずである。台湾も、なによりイージス艦がほしいと明言している。

にもかかわらず、なんだかんだと理由をつけてイージス艦を売らなかったのが、真剣に中国の脅威を感じているわけではないという何よりの証拠である。

こうしてアメリカは、東アジアで無用の緊張感を煽ることによって、この地域を真っ二つに割ることに成功した。

台湾に武器供与することで中国を刺激し、中国はロシアから大量に武器を買って軍備を拡張し、その結果、台湾はまた武器を買うことになる。台湾にイージス艦が配備されれば、こうした軍拡競争はひとまず落ち着くはずなのに、アメリカはそうせずに火種を残したままにしている。

アメリカの本当の目的は、中台間の軍事力を不均衡にすることによって、台湾に兵器を売りつけることなのである。

ロシアについても、同じことがいえる。

いま、ロシアは再び軍事的勢力を盛り返しつつある。旧ソ連時代からロシアは軍需産業のみで国体を維持してきた国だが、ソ連が崩壊したいまも、その体制は変わっていない。ロシアの産業で優秀なのは軍需産業だけだといっても過言ではない。

そしてプーチン大統領は、かつてのソ連に負けないロシア帝国の建設を進めている。その核となるのはやはり軍需産業である。

ロシアはいまでも、冷蔵庫やテレビをつくることには関心がない。自国の産業を発展させて国を繁栄させるためには、軍需産業の発展しかないことを知っているのである。

ソ連時代には、軍事関連の企業がおよそ六〇〇〇社あった。みな非能率的ではあるものの、それぞれが特殊な技術をもった優秀な企業である。

ロシアは現在、この六〇〇〇の軍需企業をたった四四社にまで統合し、より効率的な生産体制を確立しつつある。

そして二〇〇二年までにアメリカに次ぐ軍需産業国家となり、二〇〇五年にはアメリカに追いつくと、プーチン大統領は国会でも明言している。正々堂々と軍需産業大国になるというのが、ロシアの基本方針なのだ。

アメリカが懸命に台湾に兵器を売却してくれているおかげで、ロシアも中国といういいお得意様をつかむことができた。ロシアにしてみれば、アメリカが力の政策を推し進めてくれることは、まさに願ったりかなったりである。

中国の古い諺に「河を制する者は国を制す」という言葉があるが、力の政策が支配する世界では「兵器を制する者が世界を制す」のである。

民生品、つまり車や冷蔵庫などは、売る人にも買う人にも支配力はない。限られたマーケットのなかで、みんなが高いか安いかを判断しながら売り、そして買う。高いけれどもアフターサービスがしっかりしているからとか、デザインが素晴らしいとか、商品のさまざまな付加価値、つまり本当の競争力がないと買ってもらえないのが民生品である。

しかし兵器産業は、つくった側が言い値で売ることのできるビジネスである。兵器は、あり金をはたいてでも否応なく買わなければならないときがある。

したがって、力の政策が進む状況下では、当然のことながら兵器産業国が世界を牛耳ることになる。兵器を大量に製造して、大量に売りさばいた者が世界を支配する。現在、その主導権追求に走り出したのが、アメリカとロシアなのである。

「集団的自衛権を行使するのか」世界中から注目される日本の決断

では、東アジア情勢における日本の役割とは、いったいどんなものなのだろうか――。

日本も当然、ＴＭＤシステムへの参加について検討を進めている。しかし、日本が考えているＴＭＤと、アメリカが考えているＴＭＤとは、若干ニュアンスが異なっている。

二〇〇一年六月に行われた日米防衛首脳会談の席上、中谷元・防衛庁長官は、「日本が主体的に運用する弾道ミサイル防衛システム」という表現を用いていた。これは、日本が進めるＴＭＤシステムが、あくまで個別的自衛権の範囲であることを示すことで、中国の批判をかわそうという意図の表れである。

現在、中国がロシアと共同開発しているのは、多弾道式戦略ミサイルである。多弾道式戦略ミサイルというのは、簡単にいうと散弾銃のようなものである。発射後しばらくすると弾が拡散し、その一つひとつがロケットのように飛んでいく。そして拡散した弾は、それぞれがきちんと標的に命中するように設定されている。このため、迎撃ミサイルで撃ち落とそうとしても、拡散してしまってからでは、すべてを撃ち落とすことは困難である。

現在、アメリカが、ＮＭＤシステムの基地を設置しようとしているのはアラスカである。中国からアメリカへミサイルが発射された場合、そのミサイルはすべてアラスカの上空を通過するからである。

しかし、たとえアラスカにミサイル防衛網をつくっても、拡散した弾頭のすべてを撃ち落とすことはできない。やはり何発かは撃ちもらしてしまうだろう。

だからこそアメリカにとっては、日本と台湾にＴＭＤシステムを配置することが、必要不可欠なのである。

中国から多弾道式ミサイルが発射された場合、弾頭が拡散する前に撃ち落とすのが日本と台湾のＴＭＤシステムの使命なのである。もし撃ちもらしたとしても、一、二発程度ならアラスカからの迎撃で対処可能だ。

アメリカは、台湾と日本の安全のためにミサイル防衛網が必要だといっているが、これは表面上の理由、つまり建て前であって、本音はあくまで自国の安全のためである。

むしろ日本の安全を考えたら、アメリカと一緒にＴＭＤシステムの開発を進めないほうがいい。そんなことをすれば、アメリカの敵国から日本も狙われることになる。

それから日本では、憲法問題も絡んでくる。現行憲法では、ＴＭＤシステムの大前提となる集団的自衛権が行使できない。

集団的自衛権というのは、簡単にいうと、同盟国や友好国が武力による攻撃を受けた場合、自国が直接攻撃されていなくても、同盟国を救うために武力行使を行う権利である。これは、国際法上認められている権利だが、日本は憲法第九条によってその行使が事実上禁止されている。

だから現状では、たとえば中国からアメリカに向かって多弾道式ミサイルが撃ち込まれたとしても、集団的自衛権を行使できない以上、これを黙認するよりほかない。

たとえアメリカがアジアにＴＭＤシステム網を張り巡らしたとしても、日本が参加できない場合、ＴＭＤはまったく使いものにならないのである。

現在、中国が、日本の左翼マスコミや政治家を手なずけて、日本が集団的自衛権をもつことはよくないことだという大キャンペーンを行っている理由はそこにある。日本が集団的自衛権を行使するか否かは、中国にとっても大問題である。現在もっとも力を入れている多弾道式戦略ミサイルが、用をなすかどうかの瀬戸際に立たされているのである。

だが、これまで日本国内では、憲法第九条との絡みもあって、国内には強い反対意見があった。そのため日本政府は、集団的自衛権への取り組みが非常に消極的だった。

日本のＴＭＤシステムは、対外的には中国や韓国に対する配慮、そして国内的には憲法問題といった事情があって、必ずしもアメリカの望むかたちでは進んでこなかったのである。

日米関係を意図的に悪化させるアメリカの狙い

一方、アメリカにとっても、日本が集団的自衛権を行使するかどうかは、アメリカの防衛戦略の根本にかかわる重要な問題であることはいうまでもない。

中台間の緊張が日に日に高まっているいま、アメリカの極東軍事覇権を確立するために、日本が積極的にアメリカ軍の後方支援を行う態勢が求められているのだ。

ところが、集団的自衛権の行使ができないようでは、こうした態勢の実現は望むべくもない。自衛隊は結局、アメリカの足手まといになるだけだ。

つまり、アメリカに次ぐ巨大な軍事施設や軍事機能を保持している日本が、軍事力を行使できるようにすることこそ、アメリカのアジア覇権維持にとって必要不可欠なのである。

そこでブッシュ政権は、いつまでも煮え切らない態度をとり続ける日本に対し、ある戦略を仕掛けた。アメリカ人の対日感情と日本人の対米感情を、意図的に悪化させることにしたのである。簡単にいうと、まずアメリカの国内に「日本の面倒なんかみる必要などない」という世論をつくり上げる。そうすると日本国内には、「面倒をみているだと。お前ら勝手に駐留しているだけじゃないか。そんな傲慢なことを言うのなら、もう出て行ってもらって結構だ」という意見が、当然のことながら沸きあがってくる。

アメリカは、そこを狙ったのである。

もちろんアメリカは、日本から軍を引き上げることなどできない。軍を引き上げるということは、アジアでの覇権を失うことにほかならないからだ。

アジアで日本は最大の軍事基地だから、この拠点を失うわけにはいかない。アメリカが日本を守っているというのはあくまでも建て前で、アメリカは日本を軍事拠点にすることによってアジアにおける覇権を握っているのである。

日米安全保障条約は、アメリカが日本に基地を置くことによってアジアの覇権を保持するための条約なのである。

しかし日本の国民の多くは、日米安全保障条約によって、日本の安全をアメリカに守ってもらっていると思っている。同じようにアメリカの国民の多くも、日米安全保障条約によって、アメリカが日本の安全を守っていると理解している。

そういう国民たちを対立関係にすることにより、この安保問題、ひいては日本の防衛問題を真剣に検討させ、結果的に日本が独自で軍事力を高める方向へ導こうとしているのである。

ここまでするのか！アメリカの日本挑発政策

実習船えひめ丸が米海軍の原子力潜水艦グリーンビルと衝突、真珠湾沖で沈没した事故はまだ記憶に新しい。

この衝突事故について、私は事故当初から不可解なものを感じていた。そこで独自に調査した結果、次のような事実がわかった。

えひめ丸が沈没した二〇〇一年二月九日からさかのぼること二週間前、スコット・ワドル前艦長は地元のテレビ番組「トラベルチャンネルＴＶ」に出演し、「いまほど人生で幸福な日々はない」と発言している。当時、ワドル前艦長には、階級が上がったとか、給料が上がったとか、彼を喜ばすような事実はなかったにもかかわらずである。

また番組で彼は、艦長として原子力潜水艦の航行には常に細心の注意を払っていることを強調している。

「潜水艦を航行するときは、常に海上がどんな状況にあるかを把握していなければなりません。海上のさまざまな船舶の位置を把握することで、自艦の位置を測定するのです。上下左右あらゆる方向に目を配る必要があります。そうすることが、自分の役目なのです」

と事細かに説明した後、海上にある船舶に向かって上昇する場合、つまり体当たり攻撃する場合はどうするかといったことにまで言及している。

また、ワドル前艦長は、二月九日の衝突当日行われた「(彼らの言葉を借りれば) 緊急浮上訓練」において、当初予定されていた乗組員に代わり、えひめ丸に衝突するまでの八分間だけ、自ら操縦していた。しかも、急浮上を開始する直前、ワドル艦長が「I have a good feel for the contact picture」と言っていることも、乗組員の証言でわかっている。

「contact picture」とは、すなわちえひめ丸のことである。つまり、「えひめ丸がいい感じのところにいる」と言って浮上したのである。

調べれば調べるほど、ワドル前艦長の「不自然な行動」がどんどん出てくる。

ちなみに彼は、えひめ丸に関する単行本を出版する予定らしい。出版社が彼に多額の契約金を払ったことは想像に難くない。

ワドル前艦長が発言した「幸せ」とはこのことなのだろうか――。

私が調べたかぎり、それ以外にテレビの前でそう言い切るだけの理由は見当たらなかった。だとすると、えひめ丸沈没の二週間前に、すでに出版の話がきていたことになる。

これは、いったいどう説明すればいいのか――。

一方、この事故が起きてから一カ月も経たない二月二六日、『ワシントンポスト』紙に「われわれは日本に対してもう十分に謝った」というタイトルの社説が掲載された。

この社説の主旨は、次のようなものだ。

「今回の事故に対してアメリカは、大統領も国防長官も駐日大使も、みんな謝罪している。もう十分ではないか。日本のマスコミは明らかに度の過ぎた主張をしている」

さらにこの社説では、従軍慰安婦問題や南京大虐殺など一連の日本の戦争責任について触れ、「日本人は、自分の責任について十分な謝罪をしていないではないか」とまで述べている。

つまりは自分の責任は棚に上げ、アメリカを批判するのはおかしい、と主張しているのだ。

さすがの日本政府も、このあまりにも勝手な言い分には怒り心頭となったが、アメリカ国内にはこうした説をもっともだと思う人がたくさんいるのも事実である。

また同時期に、沖縄駐留米軍、おもに海兵隊員の犯罪行為が繰り返された。しかもその犯罪の内容が、婦女暴行、放火、飲酒運転によるひき逃げなど、極悪な犯罪ばかりだ。とても、「われわれが日本を守ってやっている」などと言えたものではない。

こうした暴挙に対し、沖縄県議会はアメリカ海兵隊の削減を求める決議を全会一致で可決した。

ところがこれに対し、当時在沖米軍のトップだったアール・ヘイルストン四軍調整官が、部下にあてた電子メールのなかで、稲嶺恵一県知事や県議会議員を指して「all nuts and a bunch of wimps（彼らは、頭の悪いいくじなしだ）」と非難していた。

軍内のメールのやり取りがなぜ外部に漏れたのか、理由は定かではないが、いずれにせよ日本、とりわけ沖縄県民の怒りが増幅したことは間違いない。

ヘイルストン四軍調整官は、慌てて稲嶺県知事を訪れて謝罪したが、最初から最後まで、一度たりとも稲嶺知事はヘイルストンのほうを見ようとしなかった。この稲嶺知事の怒りように、日本人の対米感情悪化を狙うアメリカは、こっそりと喜んでいたのではないだろうか。

ディズニー映画「パールハーバー」は反日感情高揚のためにつくられた

話をえひめ丸に戻そう。えひめ丸を沈没させた潜水艦グリーンビルには、体験乗艦と称して一六人の民間人が搭乗していたが、この体験乗艦を手配したのが、リチャード・マッキー海軍大将である。

このマッキー海軍大将とは、いったい何者なのか――。

一九九五年、沖縄で少女暴行事件が起こった。そのとき、アメリカの太平洋軍司令官が、「(犠牲者を誘拐するために使った)レンタカー代で、売春婦を買えばよかったのに」と発言して大ひんしゅくを買い、辞任に追い込まれた。まさに、その司令官がマッキー大将なのである。

日本の対米感情を悪化させる計画は、きわめて綿密に、そして組織的に行われているようである。

その極めつけが、ディズニー映画「パールハーバー」の公開である。

真珠湾に停泊する原子力空母の艦上で完成試写会が行われたのが、二〇〇一年五月二一日、えひめ丸沈没からわずか三カ月後のことである。

私もホノルルでこの映画をみたが、日本軍の残忍性ばかりが強調された内容に呆れてしまった。CG(コンピュータ・グラフィックス)を駆使し、日本軍の空爆にさらされたアメリカの艦船が次々に轟沈され、「善良な」アメリカ人が殺されていく、パールハーバー奇襲の場面だけで、延々四〇分も続いた。

試写会開催当時、ハワイの地元紙に、「日系人への差別が心配だ」という記事が掲載された。実際、カリフォルニア州トーレンスという非常に親日的な都市でさえ、あっという間に反日感情が高まったという。

トーレンスという街は日系人も多く住んでおり、実際に私の友人も住んでいるが、彼はこの映画が公開されてからというもの、夜は怖くて外出できない状態だという。

先入観なしにこの映画をみた者は誰でも、日本人が嫌いになるだろう。

トーレンス在住の友人もこの映画をみたそうだが、上映中の映画館では、ストーリーの後半で日本のゼロ戦がアメリカ軍の攻撃により一機、また一機と撃墜されるたびに拍手喝采で、「日本人のクソ野郎を殺せ！」という声が観客のあいだからあがっていたそうだ。

この映画をみた「負けることを死ぬほど嫌うアメリカ人」は、日本人に復讐心を抱いたに違いない。

しかしこのような反応は、映画をつくる前からわかりきっていたことである。一つのプロパガンダとして、「この映画が公開されれば、アメリカ人のあいだでどのようなリアクションがあるか」を十分計算したうえで、この映画はつくられている。

つまり、映画「パールハーバー」が制作された目的は、アメリカ人の対日感情を著しく悪化させるためにほかならないのである。

もう一つ付け加えておくなら、ワドル艦長は、事故を起こした二月九日前に「パールハーバー」の試写をみていたという。彼が怒りに震える手で操縦桿を握っている姿が目に浮かぶようである。

アメリカの軍事的覇権に欠かせない日本の集団的自衛権行使

アメリカ政府が、国益を守り、かつ増大させるため、現在もっとも重要視しているのが自国の世論である。そしてアメリカは、同盟国、対立国の世論も同様に重要視している。

自らの国益のためになる政策を実行しようとする場合、自国の世論がそれを支持しなければならないことは当然だが、アメリカはそこからもう一歩踏み込んで、同盟国の世論をも巻き込む戦略をとってきた。

いまアメリカが、東アジア地域で守るべき国益は、軍事的覇権である。そして増大させるべき国益は、TMDシステムの推進である。

この二つの国益は、ともにアメリカ一国ではなし得ないものだ。多くの軍隊が駐留できるだけの基地を提供してくれる国で、なおかつ共通の仮想敵国として中国に目を向けてくれる国が必要である。

すなわち、日本の軍事面での協力が不可欠になる。

アメリカの狙いは、自衛隊に軍隊としての機能をもたせて、日本にTMDシステムに不可欠な集団的自衛権の行使をさせることである。

現在、アメリカのミサイル防衛網はＮＭＤシステムを中心に推進されている。アメリカはこのＮＭＤ構想を理解してほしいと世界中に訴えているが、先にも述べたとおり、アメリカの本音は、この計画が理解されようとされまいと関係ない。アメリカは、ロシアや中国が懸命に反対しているにもかかわらず、ＡＢＭ制限条約を一方的に反故にして、アラスカにミサイルを配備することを決めてしまった。

今後アメリカは、日本、台湾と共同で、アジアのＴＭＤシステム網構築を推進することになる。その途端、日本の集団的自衛権の問題は、国内問題から世界問題へと発展する。これで、アジアは一気にきな臭くなる。

台湾はＴＭＤ構想に喜んで参画するだろう。一方、中国はそんなことをしたら台湾を火の海にするぞ、などと言いだすかもしれない。

そうすると、日本が集団的自衛権をもつかどうかが、俄然、世界の注目を集めることになる。当然、中国や韓国は反対するだろう。日本は、この両国との関係を慮って身動きがとれなくなる。両国からの抗議については常に腰が引けている日本の政府が、集団的自衛権は行使すべきでないという結論になる可能性は十分に考えられる。

アメリカの国益のために軍事大国・日本が必要になる

そこでアメリカは、日米安保におんぶに抱っこの極楽トンボの日本に対し、現実に目を向けさせるための手を打った。

まず台湾海峡の緊張を煽ることによって、日本国民の軍事や自衛に対する関心を高める。その一方で、先に述べたような手を使い、アメリカ国民の世論を反日へと誘導する。この世論をバックに、日本が安全の要としている日米安保の再考を匂わせる。

日本がこうしたアメリカの態度に、「安保再考、結構じゃないか」と言い出せばしめたものである。日本に小泉首相が誕生したことも、アメリカにとって好都合だった。

小泉首相は、集団的自衛権を積極的に容認する発言をしており、そのために憲法改正も視野に入れているとも明言している。そういう意味で小泉首相は、アメリカの国益にとって非常に都合のいい首相なのである。経済面ではアメリカにとって困った首相だが、アメリカの軍事的覇権確立という点からみると、まさに好都合な首相なのである。

その証拠がある。

田中真紀子外相が二〇〇一年六月一六日に訪米したときのことだ。訪米前、アメリカのマスコミは田中外相の言動に対し非難囂々だったのに、パウエル米国務長官との会談は非常に好意的に評価されていた。

就任直後にアーミテージ国防副長官との会談を直前でキャンセルしたり、ミサイル防衛構想に「本当に必要か」と疑問を投げかけてみたり、アメリカにしてみればおもしろくない相手のはずである。本来なら、マスコミは田中外相のことを袋叩きにしたはずではないか。

これは、いったいどういうことなのか——。

アメリカのマスコミは、アメリカの国益を考えて動く。もちろん、皮肉っぽい記事はあったが、真剣に叩きはしなかった。これは、「アメリカ大好き」という小泉政権を大事にしたいと思ったからなのである。

小泉政権は国民からの人気もあるので、いままでの政権ができなかったことも彼ならできる、とアメリカはみている。

ということは、小泉首相を抱き込めば、アメリカが日本に望むこと、つまり集団的自衛権にしても、台湾海峡のガイドラインについても、スムーズに事が運ぶだろうということなのだ。したがって、アメリカは小泉政権を大事にしなければならなかったのである。

軍事関係に詳しいスウェーデンのストックホルム国際平和研究所の二〇〇〇年の調査によると、日本はアメリカに次いで世界第二位の軍事大国である。自衛隊に自ら戦う意志はないが、イージス艦は四隻あるし、F15およびF16を主体とする戦闘機を五〇〇機以上保有している。最新鋭の兵器がこれほど充実しているのは、アメリカ軍と日本の自衛隊だけだといっていい。

ちなみに、イラクを空爆したのはアメリカ空軍のF16戦闘機だが、この戦闘機は日本の三沢基地から発進している。つまり日本は、地理的にも、そして保有兵器の質からしても、世界中どこの国でも攻撃することが可能なのだ。

もちろん、日本にそのような意志がないことはいうまでもない。しかし、その意志をもった途端、世界第二位の軍事大国が登場するのである。

アメリカが望んでいるのはそこだ。

「眠れる軍事大国」日本がいま目覚めれば、アジアの地に世界第一位と二位の共同軍が誕生する。そうすれば、中国との軍事バランスなど、何十年かかろうが均衡することはない。日本が自国の兵力を軍隊と認めるだけで、アメリカのアジアにおける覇権は、半永久的に安泰となるのである。

この事実を我々日本人はよく認識しておく必要がある。日本はいつでも世界第二の軍事大国になれるのである。

米軍事戦略の次の布石
アメリカが日本の仮想敵国になる

日本には、平和に対する盲目的な信仰をもった国民が大勢いる。世界にはこうした日本人たちが考えているような平和など存在しないが、彼らにはそんなことはまず理解できない。まず、われわれ日本人が知らなくてはならないことは、「平和」は手段であって目標にはなりえないという事実である。平和とは「状態」であって哲学的にも思想的にも意味のないことである。

競争社会にあって、国家は自国の国益を競う。問題は、平和手段で競うか、戦争手段で競うかである。クリントン時代のアメリカは平和状態をつくって国益を求め、ブッシュ時代は戦争状態をつくって国益を求めることとなった。

日本の義務教育で教える平和は世界中どこにも通用しない平和である。アメリカはいま、日本の平和意識に大変な危機感をもっている。日本人をここまで平和ボケにしてしまったのは実は戦後のアメリカの教育だが、彼らはここまで極端な教育効果が発揮されるとは想像していなかっただろう。

しかしアメリカは、いま焦り始めている。

日本をこのまま放置しておくと、日本は本当に自立できないのではないか――。日本はこのままずっと落ち込んだままで、みんながそれぞれに自分勝手になって、もう国のことや民族のことなど、なんの興味も示さなくなっていくのではないか――。

つまり、精神的に日本という国が消滅していくのではないかという危機感を、日本人ではなくアメリカがもち始めている。そこで、ここでちょっと国民感情を刺激しておかなければいけないと考えたのである。

アメリカは、日本人が自立心を回復するには、ちょうど韓国や中国がやっているのと同じことをすればいいと考えているようである。

すなわち、国民共通の敵をもつことである。

韓国が自立国家として成り立つためには、日本という敵国がなければ駄目だったのだ。韓国は、これまでロシア、中国、日本と、入れ替わり立ち替わり支配され続けてきた。第二次世界大戦終了後の朝鮮戦争を経て、ようやく自分の民族の大統領の下に議会をつくり、民主主義国家としてのスタートを切った。

だから、国家を維持し、国論を統一するためには、敵をつくっておかなければならなかったのである。

金大中大統領を筆頭として韓国のインテリ指導者たちは、日本の教科書問題に口をはさむことが不当であるということは、百も承知のはずである。馬鹿げたことだと思っているだろう。しかし、その馬鹿げたことをまともな顔をして抗議しないと、国が統一できないのである。この点、中国は韓国よりもっと深刻である。

宗教も言葉も違うさまざまな民族が入り乱れている国を統一して、引っ張っていくためには、どうしても敵が必要になる。これが、韓国であり中国の国内事情である。

そこで共通の敵は誰が一番いいかと考えたとき、日本が一番いいということになった。過去に日本に支配され、日本にひどい目にあわされた歴史があるから国民にわかりやすい。目に見せ、音に聞かせることのできるものがたくさんある。それに飽きたら、日本の教科書がある。

では、日本はどうか――。

日本は、過去の歴史において、敵がいなければ国内の精神統一ができなかったなどという時期がない。いまもそうである。

アメリカの悩みは実はここにある。ここに、アメリカは危機感をもった。敵がいなくてもいいということは、当然、軍事力もなくていいということにつながる。

では、あらためていまから韓国や中国を敵にすればいいかというと、そうもいかない。これまで日本人は、韓国や中国からさんざん敵視されながら、いっこうに反発する様子がなかった。相手が日本人を敵にしても、日本人はその相手を敵にしないのだから話しにならない。

アメリカの側からすれば、日本の敵が中国や韓国では、役不足なのかもしれない。そこで、アメリカは自ら日本の敵に立候補することにしたのである。

日米安保条約にべったりの日本の危機感を煽ることで、少しでも自立心を奮起してくれれば、アメリカにとってこんな好都合なことはない。

二〇〇一年六月三〇日、ワシントンのキャンプデービットで、小泉・ブッシュ日米首脳会談が行われた。そこで小泉首相は、事実上、集団的自衛権の行使を宣言した。共同声明が発表されたが、私は声明の各項目について、日米双方の責任関係を冷静に分析してみた。

1・日米パートナーシップ堅持と日米同盟がアジア・太平洋の平和と安全の礎であることを相互に確認。アジア・太平洋の平和と安全にアメリカと協力する責任が日本にあることの確認。

2・両国の経済問題協議機関創設。財務、金融、貿易、投資等について次官級、官民、専門家会議を常設し、日本は日米経済摩擦を起こさぬよう協議し、規制緩和に努める責任を確認。

3・日本の金融機関の不良債権処理と構造改革断行。日本は不良債権処理と構造改革の責任を負うことを確認。

4・ブッシュ大統領は小泉首相の改革路線を支持。アメリカの支持を受けて日本の改革路線の責任が一層重くなる。

5・小泉首相はブッシュ大統領に京都議定書の受け入れを要請。アメリカは日本と今後修正協議はするが京都議定書受け入れには応じないと表明。

6・小泉首相はアメリカのミサイル防衛構想に理解を表明。ユーロ諸国や他の米国の同盟国に先駆け、日本はNMD（米本土弾道ミサイル防衛構想）理解を公式表明。今後TMD（日本、台湾、アメリカによるアジア戦域ミサイル防衛構想）構築に対し日本の責任が生じた。

7・日米首脳の信頼感確立。これでさらに日本はアメリカにNOと言いにくくなった。

七項目のうち、アメリカが日本に対して責任を負う項目はゼロである。すべてアメリカに対する日本の責任を表明するだけに終わっている。

声明に入らなかったが、普天間基地代替施設使用期限一五年の要請はあっさり拒否されている。

この首脳会談を要約すれば、アジア・太平洋の安全と秩序に対して、日本はアメリカと共通の責任をもち、小渕内閣時に立法化した日米防衛協力ガイドラインに基づいて極東の安全のため、より積極的に責任を担うことになったということだ。

これらの日本の責任は、集団的自衛権行使なくして果たすことができない。

中国の多弾道式戦略ミサイルがアメリカに向けて発射された場合、TMDシステムによる迎撃ミサイルでこれを撃ち落とすことになるが、そのためには日本の集団的自衛権行使が不可欠である。この会談では、この確認が行われたのである。

日米同盟と日本のＮＭＤ支持、そして日本の集団的自衛権行使なくして、ロシアの技術をバックにした中国の多弾道式ミサイル攻撃に対するアメリカの安全は保証されない。アメリカに向かって飛ぶ多弾道ミサイルを、アラスカに設置したＮＭＤだけで防御することはできないからである。

日本は事実上、この共同声明によって、集団的自衛権を行使せざるをえない立場になったのである。

これからのアメリカのシナリオは、中東で戦争を起こすとともにアジアの緊張を高めに高めて、日本を軍事的な独立国家にすることである。

第三章◉

アメリカを戦争に追い込んだ日本

日本の無為無策が世界経済再生のチャンスを潰した

不良債権を処理しても日本の景気は回復しない

本章では、日本がアメリカを戦争に追い込んだ、その過程をみていくが、その前に小泉首相が推進しようとしている構造改革について述べておきたい。構造改革について説明していくなかで、日本が現在おかれている立場がはっきりするからである。

小泉政権は、「二～三年で不良債権最終処理を目指す」ことを政策の大きな柱としている。これは、国民に向けた約束であると同時に、国際公約でもある。

二〇〇一年六月二六日、小泉内閣は経済財政諮問会議の答申を受け、「今後の経済財政運営及び経済社会の構造改革に関する基本方針概要」、いわゆる「骨太の方針」を政府の方針として閣議決定した。

この「骨太の方針」は、不良債権処理ができれば日本経済は再生するということを前提としている。

しかし、この前提は、はっきり言って間違っている。

国民は、「創造的破壊としての聖域なき構造改革は、その過程で痛みを伴うこともありますが、構造改革なくして真の景気回復、すなわち持続的成長はありません」（「骨太の方針」）

という言葉を信じて、「痛み」に耐える覚悟をしているが、いくら「痛み」に耐えても経済が再生することなどありえない。

小泉政権がこのまま構造改革を進めていった場合、日本がどうなるのか、考えてみることにしよう。

株価はどんどん下落し、銀行もゼネコンも、倒産が相次ぐことになるだろう。大手スーパー、マイカルの経営破綻は、その端緒にすぎない。

かつてバブル崩壊後に日経平均株価が一万八〇〇〇円台を切ったときでさえ、大手銀行が倒産するのではないかと大騒ぎになった。それがいまや一万円を割り込んでしまった。毎日毎日、何千億円という新たな不良債権が生まれているのである。

このままの状態が続いたら、一〇〇年経っても不良債権の処理などできない。小泉首相は二、三年で目処をつけると言っているが、永遠に解消できないだろう。

ところが、不良債権を処理して構造改革を行えば、日本はよくなると、誰もが信じて疑わない。「骨太の方針」を真に受けて、経済学者も、経営者も、みんな「早く不良債権を処理しろ」と叫んでいる。

小泉内閣は、「骨太の方針」で「聖域なき構造改革」の七つのプログラムを提示している。

1・民営化・規制改革プログラム――民間が自由に経済活動を行える社会

2・チャレンジャー支援プログラム――「頑張りがいのある社会システム」
3・保険機能強化プログラム――国民の「安心」と生活の「安定」
4・知的資産倍増プログラム――「個人の選択の自由の下での人材育成」
5・生活維新プログラム――「のびのびと働き、生活できる基盤整備」
6・地方自立・活性化プログラム――地方ができることは地方に
7・財政改革プログラム――二一世紀にふさわしい簡素で効率的な政府の実現

まさに、ごもっともである。美辞麗句が並んでいるが、要するに特殊法人などの民営化を行い、不良債権処理を進め、そのためのセーフティネットを張るということである。

この構造改革に反対する人はほとんどいないと言っていいだろう。そして、不良債権を完全に処理して構造改革を行えば、日本はかつてのような繁栄の時代を取り戻すことができると思い込んでいる。

しかし、それは不可能である。それはなぜか――。

このような不良債権ができたのは、当然のことだが、土地の価格、そして株価が下がってしまったからである。バブル期に大きく上げた土地価格は暴落に近い下がり方をしたが、その下がった分がそのまま不良債権となっている。また、株価は、一九八九年一二月二九日のピーク時に五九〇兆九〇八七億円だった時価総額が一八七兆一八七億円になってしまった

（二〇〇一年九月二八日現在）。株式市場だけで三〇三兆八九〇〇億円の富が消えてしまったのである。

したがって、不良債権を本当に処理するとしたら、土地の価格と株価をバブル時の水準まで上げる以外に方法はない。不良債権の元凶そのものを絶たなければならない。

そのためには、インフレ策をとるしか方法がない。いま金利は実質的にゼロという状態だから、国債や手形の買いオペレーション、銀行に強制的に預けさせている預金準備率の引き下げなどで資金供給を増やすことになるだろう。

しかし、日銀の速水優総裁は、頑としてインフレ策をとらない。経済学者、経済評論家と呼ばれる人たちも、「調整インフレ」などと言おうものなら、目を三角にして反対する。

その方法がとれないとしたら、どうするか――。

いま、小泉内閣で声があがっているのが、税金を投入するという方法である。

しかし、税金は国民のお金だから、税金を投入したら、国民が貧乏になってしまう。国民が貧乏になったら、さらに物を買わなくなってしまう。消費が回復しないとなれば、どうやって経済発展していくのか――。まさに、自殺行為である。

不良債権を償却し、構造改革をするということは、実は自殺行為なのである。

しかし、小泉内閣は構造改革をしなければ、自らの存在理由を失ってしまう。どうあっても構造改革と不良債権処理をしなければならない。これにより、日本経済は破綻へ向けて一気に突き進むことになる。

資本主義の原則を無視した小泉構造改革は間違いなく失敗する

そもそも、構造改革をしようという発想が間違っている。政策として構造改革をしようという発想は、政治、すなわち国家権力で経済が支配できるという考え方が基本になっている。これは、共産主義、社会主義的な発想である。共産主義、社会主義の国では、計画経済が行われている。五年、一〇年の長期計画をつくり、この計画を実行するために国家権力を使い、予算を投入し、市場原理を無視して、強引に国家権力によって経済を変革、支配しようというものだ。

まさに小泉内閣の構造改革は、国家権力を使って経済の構造を変えていくという発想の下で行われている。今日、資本主義社会において、国家経済がどのようになっているのか、まったく理解されていない。

資本主義はまさに資本、お金が「主」である。資本主義社会における経済の営みは、国家が掲げる理想的な言葉、思想、哲学とは関係ない。経済を動かす原動力は、人間の「欲」である。欲が欲を生んで、人間を行動に追い立てる。

人間は、自分の欲を満たすために労働する。この欲を満たすために働こうとするエネルギーに支えられているのが、資本主義社会である。

資本主義はまた、競争主義でもある。人の欲と欲が競い合う。欲望と欲望が競争し合って「妥協点」が決まる。この妥協点こそ、市場の正義である。これが、資本主義の正義なのである。

ものを売りたい人は一円でも高く売りたいし、買いたい人は一円でも安く買いたい。そこで双方の妥協点がみつかって、取引が成立する。これが資本主義社会の正義の仕組みである。競争に参加する者は正義に従わなければならない。従わない場合は罰せられる。つまり、市場から排除される。すなわち、資本主義社会から葬り去られてしまう。これが、資本主義の鉄則である。

つまり、今日の資本主義社会を支配しているものは、人間の欲に基づく競争の原理である。マーケットで競争原理に基づいて戦ったり妥協したりした結果、出た結論が正義であり取引である。

人間が頭で考える理想的な取引、理想的な正義が資本主義社会を支配しているのではなく、人間の欲と欲がぶつかり合うマーケットが正義を支配しているのである。しかし、小泉首相が掲げる構造改革は、人間が頭のなかで考えた理想である。

さらに、資本主義社会では、お金がすべてである。人間がモノをいうのではなく、お金がモノをいう。まさに、「Money talks」である。資本主義の世の中とは、お金のいうとおりになる社会なのである。

そして、このお金の力の背後には、これを支える大きな力がある。田中角栄元首相の言葉を思い出してほしい。まさに、「数は力なり」なのである。田中元首相は、体で資本主義というものを感じとって、政治に生かした人物である。

この「数は力なり」もまた、資本主義の鉄則である。つまり、多いものが強く、少ないものが弱い。ここには、人間の能力も人格も品格も何もない。ただただ数の多いものが勝つ。「競争の原理」、「市場が決定したものが正義」、「市場で大きな力をもつのは数である」、この三つが資本主義の三原則である。

したがって、政治の力、すなわち国家権力は、マーケットのインフラにかかわることがあってもマーケットそのものを支配することはできないし、当然、マーケットにベースを置く経済を支配することはできない。強いて言えば、国家権力は間接的にマーケットに影響を与えることはできるが、基本的にはマーケットに支配されているのである。

小泉内閣には、その根本がわかっていない。いくら「構造改革」のかけ声をかけて、いくら予算を投入しても、そんなことでは構造改革はできない。経済の基本から外れているからである。

小泉首相が担う歴史的な役割　スケープゴートとなって責任を負う

今後、日経平均株価がこのまま一万円を割り込み続けると、小泉首相は橋本派を中心とする旧勢力を押し切って構造改革を実行することは不可能となる。このままの株価が続くと、地方銀行の一〇行や二〇行は、あっという間に破綻してしまうだろう。銀行の債権放棄がなければゼネコンなどはほぼ半減してもおかしくない。

こんな状況で、どうして不良債権が処理できるのか。いま、不良債権は日増しに増加して止まることを知らないのである。

銀行の合併が続いているが、救済のための合併をしても単なる延命策でしかない。いずれ共倒れになってしまうだろう。預金保険機構も、政府も、大規模な銀行の共倒れを救うことはできない。小泉政権が構造改革などしなくても、マーケットが自然に不良債権を抱えた企業を潰してしまう。

つまり、マーケットが自律的に構造改革してしまうのである。

マーケットは、自律調整能力をもっている。マーケットは、小泉内閣をマーケットに敵対する内閣と認定してしまったから、市場に判断させれば日本マーケット（市場）は売りである。売りまくられれば日経平均株価は下がり続け、銀行もゼネコンも倒産に追いやられる。こうして不要な産業と企業が市場から消えていく。また有望な企業も、さらなるリストラやイノベーション（技術開発）をしなければ淘汰されてしまう。国民の耳に甘いセーフティネットなどの構築に専念する小泉内閣は、マーケット機能を阻害する以外のなにものでもない。

このように、小泉政権が政策の目玉としている構造改革は、マーケットに任せておけば自然に達成されてしまう。

マーケットの自律的な構造改革による「痛み」は、本来、マーケットとマーケットに参加している者、すなわち国民の責任であって、内閣の責任ではない。しかし今後、マーケットが自律的に構造改革を実行した場合、日本ではマーケットという認識がないから、どうしても誰かに「痛み」の責任を負わさなければならなくなる。誰かをスケープゴートにしなくては収まらないのだ。

したがって、それは小泉首相ということになる。

いまの日本では、小泉首相が悪者になるしか選択肢はない。一億二〇〇〇万人のうちの一人に罪をかぶせておけば、それで気が済むのだから、その責任は小泉首相が負わなければならない。何か事が起こった場合は、それまで神様のように人気があった人を、今度は悪者にすることになる。

これからさらに株価が下落していくと、小泉首相がスケープゴートになるのは決定的となる。小泉首相は責任をとって辞任するしかなくなるに違いない。

日本は、世界経済を再生させる二度のチャンスを逃してしまった

こうしてマーケットは、小泉内閣が企図した構造改革の数十倍の力をもって既成のシステムを破壊し尽くすことになる。破綻する銀行が相次ぎ、ゼネコンのなかには銀行による債権放棄なしには存続できないところも出てくる。しかし、これは真の意味の構造改革ではない。マーケットに潰されたあとの日本に、いったい何が残るのか――。

バブル崩壊後の日本の状態を指して「第二の敗戦」などという言い方をする向きがあったが、このマーケットに潰された日本こそ、まさしく「第二の敗戦」である。日本経済が、まさに戦後の東京のような「焼け野原」状態になってしまうということである。

実は日本には、小泉構造改革を待つことなく、自力で経済を立て直すチャンスがあった。しかも、その選択肢は二つあった。アメリカ、そして世界中が、日本がそのどちらかの方法で立ち直ることに期待をかけていた。

しかし結局、日本はそのいずれの方法も選ばず、いたずらに時間を浪費し、どうしようも

ない状態まで日本を、そして世界を不況に追い込んでしまった。

それでは、その二つの選択肢とはいったい何だったのか――。

まず一つ目の選択肢は、日本の豊富な資金がアメリカの実体経済へすみやかに流れるような金融政策をとることである。そして二つ目の選択肢は、日本の金利を高めに誘導し、世界中の資金を日本に誘導することである。

この二つは、本来、相反する政策である。しかし、どちらの政策をとっても、結果として世界経済を再生させ、日本もアメリカも救われることになっただろう。

以下、これらの政策がなぜ必要だったのか、どうして実行できなかったのか、検証していくことにしよう。

まずは、日本の資金をアメリカに誘導し、アメリカの実体経済に資金が流れるようにする政策につい見てみることにしよう。

ニューエコノミーが破綻したアメリカは、今後、実体経済、すなわちオールドエコノミーの産業、実際にものをつくる産業中心の経済へ転換していかなければならない。

そのために、日本は為替についてはドル安政策、財政については思い切った内需拡大策をとるべきだった。「バイ・アメリカ」の促進である。

しかし結局、日本が無策を続けるうちにドル高になり、日本の内需は一途下降線をたどった。そのためアメリカ経済はソフトランディングに失敗し、ついにリセッションに向かうことになってしまった。

いま、世界経済は同時不況に向かっている。日本の無策が原因で、世界はさまざまな問題点を山積したまま二一世紀に突入することになってしまったのである。

これがどういうことなのか、説明していくことにしよう。

二〇世紀末のアメリカは、クリントンのマネー戦略が功を奏し、ニューエコノミーが成長して奇跡の繁栄を謳歌していた。

マネー戦略とは、ドル高、高金利政策をとって世界中の資金をアメリカに呼び込む戦略である。世界中から集中した資金によって、アメリカはＩＴ（情報技術）革命を成し遂げ、世界の金融の中心、ウォールストリートはハイテクブームに沸くことになった。

しかし、二〇〇〇年に入ると、そのマネー戦略にも限界がきた。クリントン前大統領がレイムダック化（任期後半に影響力が下降することをいう）したあたりから、永遠に続くといわれたニューエコノミーにかげりがみえ始め、大統領選挙中盤戦のころには景気後退が現実のものとなった。

一九九〇年代に破竹の勢いで上昇し、ニューエコノミーの象徴でもあった米ナスダックは二〇〇〇年の一年間で三九パーセントも下落し、従来型の重厚長大産業が多いニューヨーク市場も一六パーセント下落した。

ＦＲＢ（米連邦準備制度理事会）議長のアラン・グリーンスパンは、インフレ警戒のために上げ続けていた金利を景気重視の判断のもと、二〇〇一年に入って急遽引き下げた。一九九八年一一月以来二年ぶりの金利引き下げだったが、二日連続して引き下げる前代未聞の事態となった。

その後も景気後退、株価の下落は続き、一〇月二日の引き下げまで計九回、合計四パーセントの引き下げとなった。この半年間あまりのあいだに公定歩合は六パーセントから二パーセント、三分の一以下にまで引き下げられたのである。

九月一七日、一〇月二日の引き下げは同時多発テロ以後のことだから、これはさておくとしても、八月二一日までに公定歩合を半分に下げたのに、景気はいっこうに回復のきざしをみせなかった。これは、完全に金融政策がマーケットに通用しなくなっていることを意味している。

市場は敏感なものである。クリントン政権下、永遠の繁栄を信じていたアメリカは、次期大統領に民主党のアル・ゴア前副大統領を選ぶかにみえたが、景気減速とともに選挙戦は日に日に接戦となり、最終的にフロリダでゴア前副大統領の票を廃棄することにより、共和党のブッシュを当選させた。

これは、アメリカのマーケット市場が、マネー戦略に代わって実体経済重視の政策をとる共和党のブッシュを必要としていたということである。まさに、アメリカはマーケットの要請に応えたのである。

マーケットが大統領の首をすげ替え、政策を一八〇度転換させて、次なるアメリカの繁栄の方程式へ向けて大きく舵を切ったのである。

しかし、ここ何年か大成功した政策を捨てて新しい政策に全面的に乗り替えるわけだから、このバトンタッチはなかなか難しい。昨日まで白が正しいといっていたのに、今朝起きてみたらいきなり黒が正しいといわれるようなものである。アメリカではいま、組織、インフラ、あるいは民間の投資戦略、そういうところにさまざまな矛盾が出てきている。二〇〇一年は、その調整から始まったのである。

一日も早く調整を終えて、混乱を一日も早く収束させ、次の新しい価値観に基づいたアメリカの発展へとつないでいくのが、ブッシュ大統領の役目なのである。

そして日本は、そのアメリカを補完する立場にある。残念ながらいまの日本は、アメリカになり代わって世界経済のイニシアチブをとる立場ではない。経済の中心的存在となるのは、やはりアメリカをおいてほかにないのである。

だから日本は、アメリカを補佐して、転換期にあるアメリカがスムーズに次の体制に移行するのを助けなくてはならなかった。これが、まさに日本の責務だったのである。

日本は、アメリカのマーケットの動向をしっかり把握し、いち早くアメリカを目的地に到達させる努力をしなければならない。これは、とりもなおさず日本がマーケットの要請に従うことであり、その結果は日本の国益になるはずだった。

そのためにも日本は、あらゆる面でアメリカに貢献しなければならなかった。アメリカ経済が活力を取り戻し、実体経済が活性化すれば、日本も同時に繁栄を享受することができたからである。

アメリカは景気停滞で実体産業の活力が殺がれてしまっている

そのために、日本は具体的にどうすればいいのか――。

これにはまず、現在のアメリカの状況を理解しておいてもらわなければならない。アメリカは現在、すべての面において縮小に向かっている。アメリカから聞こえてくることといえば、企業業績の下方修正、それにともなう人員削減の発表ばかりだ。同時多発テロの経済への影響は、いまのところ予測が難しいが、その他の要因をみてもいい話はない。

米労働省の二〇〇一年八月の雇用統計によると、失業率が四年ぶりに四・九パーセントという高水準になった。底堅いといわれていた個人消費がこれによって冷え込み始めた。ブッシュ大統領は、この失業率に強い懸念を示し、対策を打つことを約束した。

株価の下げも、非常に深刻である。

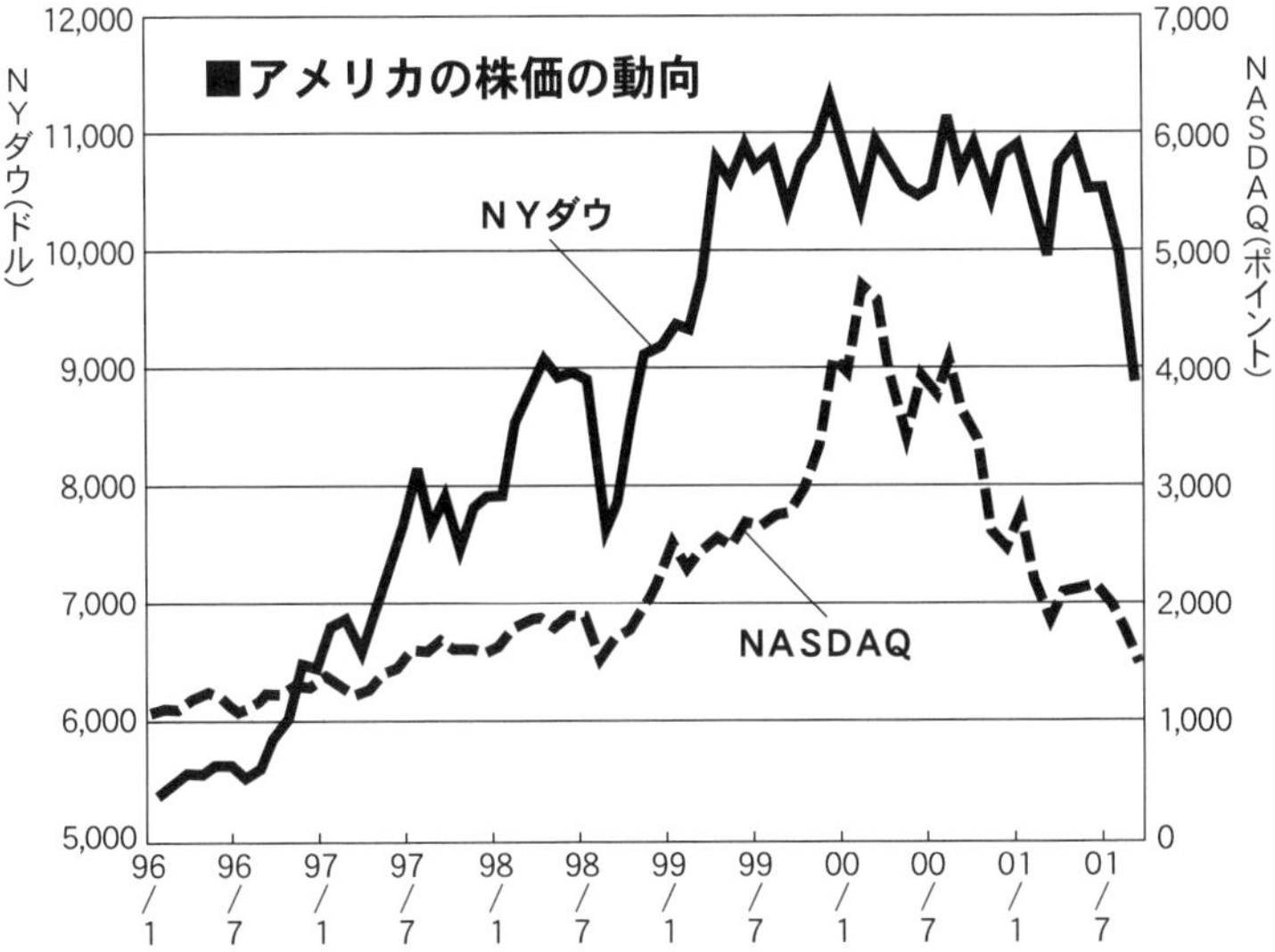

ナスダックは、二〇〇〇年三月一〇日の五一三二・五二ポイントのピークから二〇〇一年九月二一日には一三八七・〇六ポイントまで下げた。下落率七三・〇パーセントだから、いまや四分の一近くになってしまったということである。

ニューヨーク・ダウ工業株三〇種平均も、ナスダックほどの下げ率ではないが、二〇〇〇年一月一四日の一万一七五〇・二八ドルから二〇〇一年九月二一日には八〇六二・三四ドルまで下げている。こちらはなんとか三一・四パーセントの下げにとどまっているが、この数字もナスダックに比べれば小さいというだけで、暴落基準である。

このような株式市場の下げによって、二〇〇〇年三月から二〇〇一年三月までの一年間で、日本円にしておよそ五三〇兆円のアメリカの金融資産が消え去ったのである。アメリカのほぼ全世帯が株式投資をしているから、米国民の家計はおそらく何十パーセントにも上る資産を失ってしまったことだろう。

ここしばらく利下げの恩恵で堅調だった住宅産業も、そろそろ限界がみえてきた。

先に述べたように、アメリカの利下げが前代未聞の規模となったため、住宅需要が伸びていたが、すでにアメリカ国民の六七パーセントが持ち家に住んでいるという事実から考えると、住宅需要そのものがもう飽和状態とみなければならない。今後、利下げだけで住宅需要が伸び続けると考えるのは無理があるだろう。

このように、リセッション傾向がよりはっきりしてきたアメリカだが、今後、株価の低迷がなお続けば、アメリカの心臓部である銀行の財務体質が悪くなってくる。銀行の財務体質が悪くなると、これはとりもなおさず実体産業への資金供給が遅れることになるから、新しいビジネスに挑戦しようというときに、資金が足りなくなってしまう。

もともとキャッシュフロー不足のアメリカだから、資本市場の縮小はアメリカ企業にとって致命的である。

いまこそ前向きに実体産業を支援していかなければならないのに、株価が下がってしまうと、いよいよ実体産業に資金が流れなくなってしまう。いわゆる実体産業不況になる。

日本の量的緩和によってアメリカ市場は再生する

アメリカはＩＴ産業が伸びているときに、ＩＴのアイデアやソフトがどんどん実体産業へと流れ込んでいった。いま実体産業では、ＩＴ部長という肩書きをもつ人も現れるほど、ＩＴ化が進んでいる。

ＩＴバブルで、さまざまなソフトや新しいアイデアが次々に生まれた。そしてそれらは、実体産業に吸収されていった。そして、過剰もしくは不要なために吸収されなかった部分がバブルということで潰れていった。

つまり、今回アメリカで起こったＩＴバブルの崩壊は、必要のないものが潰れていったということであって、けっしてＩＴ産業そのものが総崩れしたのではない。

アメリカでは一九九五年ごろから、景気がいいのは情報産業ばかり、実体産業は斜陽だといわれてきた。しかし、実体産業もこの間、生産性だけは着実に上げてきた。これは、ＩＴ産業の成果が実体産業に吸収されたからである。

日本でもＩＴバブルが起きたが、生産性の面ではそれほど実体産業に貢献していない。ＩＴソフトを導入した企業も、ＩＴによってそれほど生産性が上がったわけではない。なかにはＩＴ採用のためにコスト高になってしまったところもある。

今後、日本企業の生産性が上がったとしたら、それは人員整理を中心としたリストラ効果であって、ＩＴソフトの効果とはいえない。ＩＴを実体産業に導入することによって、生産性を上げたのではなく、首切りによって生産性を上げたに過ぎない。

いまのアメリカは、ＩＴ、ソフト技術を実体産業が吸収して、いつでもフル稼働できる状態になっている。しかし、さあこれからだというときに、景気が急速に冷え込んでしまった。これがアメリカの現状である。

そこにこそ、日本が果たす役割があったのである。

日本では八三〇兆円というお金が、行き場をなくして仕方なくゼロ金利下で寝ている。このお金でアメリカの株価を支えることができたのである。アメリカの金融資産がこれ以上減価しないように、日本には支えてやる力があったのである。

すなわち、思い切った量的緩和（ゼロ金利のうえ、さらに資金供給を行う）をすることによって、日本で眠っている資金がアメリカに流出するようにしなければならなかったのだ。

アメリカに渡った日本の資金は、株式市場に流れ込んで株価を支える。これにより消費は従来のままに保たれ、これによりアメリカのハードランディングを止めることができたはずである。

株式市場が持ち直せば、アメリカの金融機関も持ちこたえることができ、アメリカの実体産業へ資金供給できたのである。

しかし、日本にはこういうグローバル経済の発想がまったくなく、いつまでたっても一国経済の考えから脱出できないでいる。日銀は、ゼロ金利政策をとり、日銀当座預金の残高目標を引き上げ、少しずつ量的緩和へ向けて手を打ってきたが、どれも中途半端で、タイミングがあまりにも遅きに失している。

まさに、「トゥー・レイト、トゥー・リトル（too late, too little）」である。ここまで日本の株価が下がり、アメリカの景気が後退したのは、日本の政府、日銀の無策によるものだということを、しっかり認識しておかなければならない。

量的緩和をすることによって、日本国内はお金が溢れてジャブジャブの状態になる。日本で預金をしても金利がつかないから、そのお金は金利が高いところ、すなわちアメリカに流れる。この資金がアメリカの株価を支え、これによりアメリカの実体産業が活性化する。アメリカ経済が活気を取り戻せば、日本の輸出産業が息を吹き返す。輸出が伸びれば国内供給が減るから、いま日本の景気を停滞させている負の循環、デフレスパイラルが、断ち切れたはずである。

しかし、国内しか見えていない政府・日銀はアメリカのニーズに対応せず、これを拒否し、世界大恐慌の扉を開け、ついにアメリカをして最後の手段、第五次中東戦争への道を選ばせてしまったのである。

世界中の資金を集めたクリントンのマネー戦略

量的緩和でアメリカに資金供給するのが、第一の選択肢だった。そして第二の選択肢は、日本の金利を高めに誘導し、世界中の資金を日本に流入させることだった。

ここで、第二の選択肢がどういう意味をもつものだったのか、なぜ日本はその政策をとることができなかったのか、検証してみることにしよう。

まずは、クリントン時代に、アメリカが日本からどれだけのお金を引っ張っていったか、思い出してほしい。

一九九五年四月、日銀はアメリカと手を組んで、超低金利政策を打ち出した。それまで一・七五パーセントだった公定歩合を〇・七五パーセント引き下げ、一パーセントとした。さらに同年九月八日には〇・五パーセント引き下げ、〇・五パーセントとしている。わずか五カ月ばかりのあいだに、三分の一以下の利下げ断行である。

これにより、銀行預金、郵便貯金、さらには箪笥預金も吐き出し、莫大な資金がアメリカへ向かうこととなった。一九九五年四~七月の四カ月間で、およそ六兆円もの資金がアメリカに流れたといわれている。

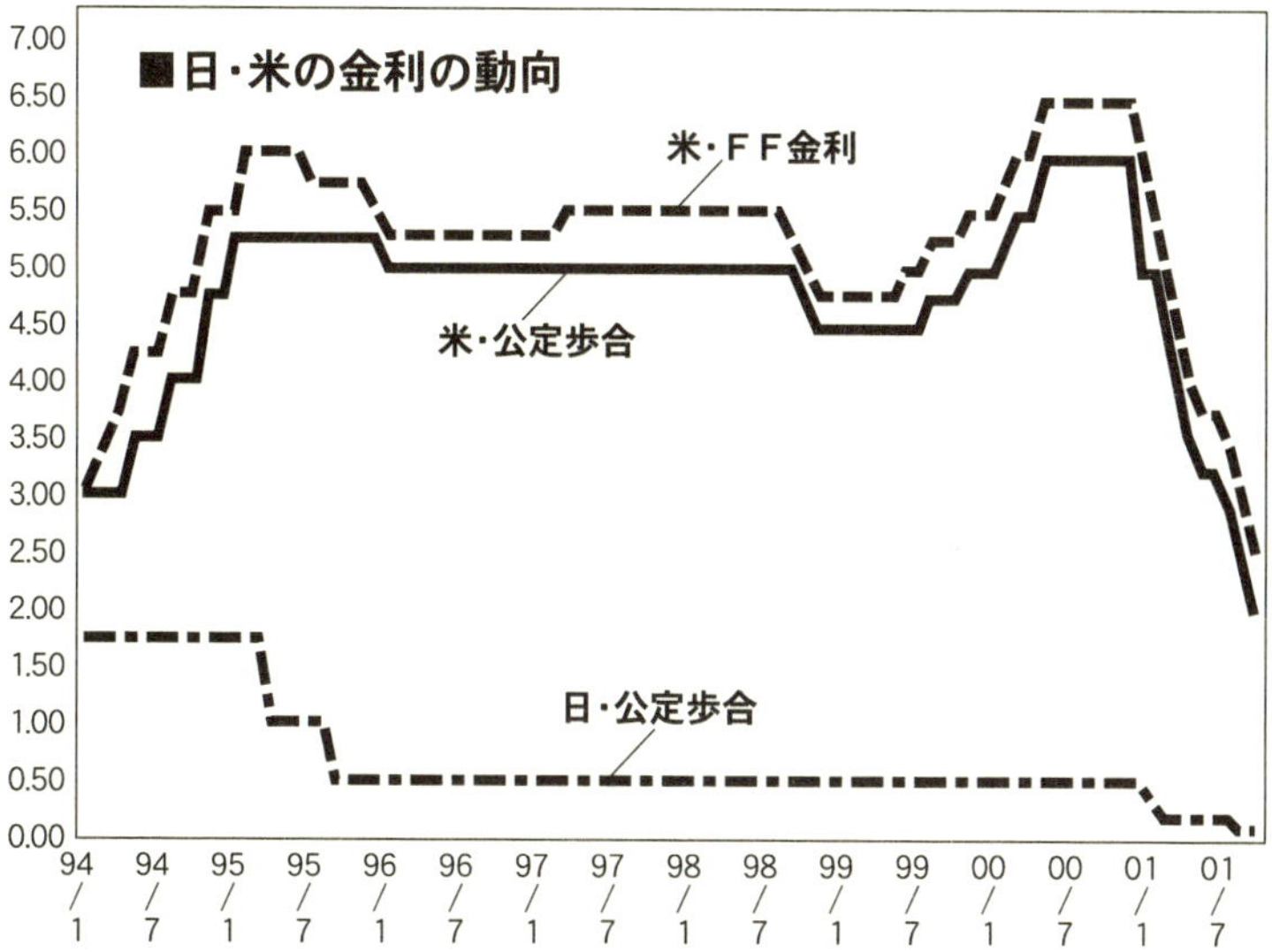

■日・米の金利の動向

アメリカは、短期間に、日本から六兆円もの大金を引き出したのである。

これに金融ビッグバンが追い討ちをかけた。一九九八年四月には改正外国為替管理法が施行され、海外への送金が無制限にできるようになり、海外への資金流出の歯止めがなくなった。

その後もアメリカは、日本に対してさまざまな圧力をかけてゼロ金利を継続させた。日銀の速水優総裁がゼロ金利解除へ向けた発言をすると、すぐにローレンス・サマーズ前財務長官が牽制する談話を発表するという具合だった。

また、アメリカの金融アナリストや格付け機関は、日本企業を必要以上に低く評価することにより、日本の金融市場からアメリカへの資金流出を加速させ、日本市場を下落させて日本経済をさらなる不景気に追い込んだ。

このようにして日本の金融市場を、株安・金利安という魅力のない市場におとしめておき、その一方で、自国の金利を高レートのまま維持した。

これにより、世界中の投資家は、こぞって資金をアメリカへシフトし始めた。集まった資金は、すべてIT産業へ注ぎ込まれた。急速に発展したIT関連企業の株価はうなぎ上りに上昇し、その派手な値動きをみた投資家は、さらにアメリカ市場への資金流入を加速させた。

こうしてアメリカは、マネーの一極集中化に成功した。日本、アジア、ヨーロッパなど、世界中が不景気にあえぎ続けるなか、アメリカ一国のみが未曾有の好景気に湧き返ったのである。

しかし、アメリカのマネー戦略は、すでに限界にきてしまった。先に述べたように、FRBのグリーンスパン議長自ら、金融政策が通用しなくなったことを認めている。

しかし、アメリカのマネー政策が通用しなくなった時点で、日本がマネー戦略をとっていたらどうだっただろうか——。

まず日本経済が再生し、これによってアメリカ経済、そして世界経済が回復したはずである。アメリカも、戦争をしなければならなくなるまで追い込まれることもなかっただろう。

どうして金利が上げられないのか いまこそ発想の転換が必要だ

アメリカは、いま戦争への道を歩み始めた。しかし、日本経済を再生させるために、マネー戦略は、いまなお有効である。

いま、行き場を失った世界中の資金が債券市場に集中している。債券とは、国、地方公共団体、政府関係機関、特殊金融機関、企業などが資金調達するために発行するもので、国債、地方債、転換社債などさまざまな種類がある。いま、行き場のない資金が、これらの債券で運用されている。

その資金が日本の株式市場に流れ込むように誘導すればいいのだ。

日本から資金を呼び込むために日本に対して超低金利政策を要求していたアメリカが、今年に入って驚異的なスピードで低金利化している。先に述べたように、ＦＲＢは二〇〇一年に入り、わずか九カ月間で九回、計四パーセント金利を下げている。

日本は、クリントン政権時代のアメリカが金利を上げていったのと同じパターンで、アメリカの利下げに合わせて、逆に徐々に金利を上げていけばいいのだ。

金利を上げるというと、中小企業が倒産してしまうと反対する人がいる。しかし、国際平均金利以下の範囲内での利上げに耐えられない企業は存在価値がないのだから、短期間のセーフティネットを張っておけばいいのだ。どうしても利上げに耐えられない企業に対しては、緊急融資枠を設定するなどしてバックアップする態勢を確立しなければならない。

いま、ゼロの金利が二・五パーセントになったら、たいへんだと思うかもしれない。しかし、金利が上がって困る産業がある一方で、金利が上がって儲かる産業も日本にはある。金融システムを維持するという名目でゼロ金利政策を続けて銀行を守ってきたが、その間、多数の生命保険会社、健康保険組合が破綻した。何事につけ、物事には両面あるということである。

セーフティネットには当然コストが発生するが、銀行に莫大な公的資金をそそぎ込んで捨て銭になってしまうくらいなのだから、逆の選択もあってしかるべきだ。

銀行に資金を投入したところで、金利が上がって苦しんでいる中小企業を助けるはずもない。だから、政府がきちんとセーフティネットを張って、金利が上がった場合に駆け込める体制をつくっておき、金利を上げていく。

アメリカが金利を下げるのとクロスするように、日本は金利を上げていくのである。そうすれば、ちょうどアメリカへ日本の資金が流れ込んだときと同じように、日本へどんどん資金が入ってくる。

日本に入ってきた資金は、株式市場と不動産市場に流れ込む。これにより、あっという間に日本の株価と地価が上がる。株と土地が上がれば銀行の不良債権は解決に向かう。そして、ニューエコノミーで沸いた一九九〇年代後半のアメリカのように日本の景気も急上昇してくるのである。

しかし、経済学者は、まず日本の国家の体質、企業の体質を改めろと言うだろう。たしかに、元気になるためには、まず体をきちんと治さなければならないというのは、当然の順序かもしれない。しかし、いまはそんな悠長なことを言っていられる場合ではない。順序になどかまっていられない。要は元気になればいいのだ。

なけなし一〇兆円の景気刺激より世界の投機資金を呼び込め

小泉首相は、「国債発行枠三〇兆円」を設定した。しかし、自民党内には、この枠をはずせという意見がくすぶっている。だが、仮に小泉内閣が公約を反故にすることにより、政治生命が絶たれるのを覚悟のうえで景気刺激のためにこの枠をはずしたとしても、せいぜい一〇兆円程度の予算上乗せにしかならない。

しかし、これまで一〇年以上にわたる景気低迷のなかで、これくらいの資金を投じたところで景気が回復しないのは証明されている。

しかし世界に目を向けると、三〇〇兆円という投機資金が、行き場がなくて困っている。これだけ莫大な資金が債券市場に入っているということは、それ以上に魅力のある金融市場が世界のどこにも見当たらないということである。

小泉首相が「株価に一喜一憂しない」などと言わないでマーケット重視政策を打ち出し、日本の金利を高めに誘導するだけで、世界の投機資金がどっと日本に入ってくる。投機資金の一部を呼び込むだけで、株式市場に二〇〜三〇兆円は簡単に入ってくるだろう。

しかし、そんなことになったら、アメリカの株式市場がさらに下げてしまうのではないか――。こんな疑問をお持ちの読者もいるかもしれない。

しかし、それは杞憂である。いま、アメリカの債券市場には行き場をなくした資金が眠っている。その資金を日本に呼び込んだところで、アメリカの株式市場にはなんら影響しない。アメリカの株式市場の資金が日本に流出したら、確かにアメリカの株価は下がってしまうが、行き場のないアメリカの債券市場の資金が日本に流れるのだから問題はない。日本は世界の投機資金を呼び込む政策をとるべきなのである。

投機資金が日本の市場に入ってくると、当然、日本の株価が上がる。日本には八三〇兆円にも上る個人の現金預金がある。一パーセントの金利上昇で八兆円もの不労所得が入ってくる。株価上昇によって不労所得が入った人たちは、それを消費に回すから、消費主導で景気が回復していく。

景気が回復してくれれば、さらに金利を上げる条件が整ってくる。そこでさらに金利を上げれば、また世界の投機資金が入ってくる、利上げで個人の不労所得が増える、消費が増える、こうした好循環が起こるのである。

世界の投機資金が入ってくれば、当然円高になる。これで、さらに日本は投機資金にとって魅力のあるマーケットになる。金利高、円高、好景気の三条件がそろって、世界中から資金が流れ込んでくることになる。

これで、不良債権の何割かは自然に解消するだろう。他人のお金で不良債権をなくすことができるのだ。

クリントン政権がとったマネー戦略をそのまま日本が主導権を握ってやればいい。アメリカは、もうマネー戦略を自らのイニシアチブをもって実行することができなくなっている。いまさら金利を引き上げても、アメリカの市場に以前のように資金が集中することはない。

金融政策でアメリカが世界の主導権を握ることはできなくなっているのだ。

これに対して日本は、いまだかつてクリントンがやったようなマネー戦略をとったことがない。世界の投機資金を日本に呼び込み、それをテコにして景気をよくしようという発想をもつ人間がいなかったのだ。日本は、その戦略を実行に移す絶好のチャンスを失ってしまったのである。

日本の箱庭的発想が経済回復の足枷となっている

しかし、今回もその実現性は限りなくゼロに近づいてしまった。

期待の大きかった小泉内閣も、過去の政権と同様、国内にしか目を向けず、いつまでたっても箱庭的発想に拘泥している。

世界の投機資金は、一日三〇〇兆円もある。だが、GDP（国内総生産）を五〇〇兆円と考えると、日本の実体経済で一日に動くお金は一兆三〇〇〇億円である。

小泉首相は、一日一兆三〇〇〇億円の家計のなかから、どれだけ景気をよくするために使うかということしか考えていない。一兆三〇〇〇億円を、なんとか一兆四〇〇〇億円ぐらいにしようと、朝から晩まで頭を捻っているのである。

私が言いたいのは、日本の一兆三〇〇〇億円ではなくて、世界の三〇〇兆円を上手に使えということだ。

その一〇パーセントでも、三〇兆円である。それを日本に振り向ける。そのほうが簡単だし、お金もかからない。一日一兆三〇〇〇億円しか動かない国の資本市場に何十兆円ものお金が入ってくれれば、日本の金融資産が膨れ上がって景気はあっという間に回復する。

こんな簡単なことに、誰も気づいていない。いまだに発想が国内で止まったままだ。これは、日本人の精神的構造に大きな問題があるからだと思う。日本人は、精神的に、いまだに鎖国を続けているのである。

たとえば、日本人は、自分を知るために自分の内側、内面を一生懸命見ようとする傾向がある。国を知る場合も同じで、日本について知るために、日本のなかを一生懸命に見ている。そこには、仏教の「悟りの精神」が根底にある。

しかし、自分を見つめていてもろくな話は出てこない。ネガティブな発想、後ろ向きの考えばかり出てくることになる。

そんなことをしていると、結局は疲れ果てて「もうやめた」となるか、あるいは「本当に日本人というのは馬鹿な人種だ」と悲観的になってしまう。あげくの果てに、「日本を捨ててアメリカに行こう」などと言いだす輩も出てくる始末である。

これに対してアメリカ人は、当然のごとく悟りの精神など持ち合わせていない。

では彼らは、自分を知るためにどうしているのだろうか――。

他人を見ているのだ。自分というものを、他人を見ることによって証明しているのである。

「俺はあいつよりここが優れているが、あいつにはこういう点でかなわない。だとしたら、あいつを超えるために、どういう方法があるのだろうか……」

アメリカ人は、こういう戦略的発想をしている。

「アメリカ人は、常に自分を正当化している」という言い方をする人がいるが、彼らは別に正当化しようとしているわけではない。

日本人と違って内面を見つめ続けているわけではないから、発想は自然にポジティブになっていく。日本人のように、精神的底なし沼に沈み込むようなことはない。そこが理解できないから、「アメリカ人はいつも自分を正当化して、自分以外に正しい者はいないと考えている」という見方をしてしまうことになる。

しかし日本人も、そろそろ箱庭的考え方から脱却しなければならない時期にきているのではないか。

いつまでたっても箱庭的発想ばかりで、頭の構造が鎖国的なのである。だから、日本のエコノミストや経済学者は、「日本発の恐慌が起こりますよ」というようなことばかり言うことになる。「日本発などという発想は日本文化以外にはない」ということを知るべきである。

二〇〇一年四月の自民党総裁選で、日本は、永田町の論理から脱却しようとした小泉首相を選んだ。しかし、いま世界が日本に求めているのは、日本国内だけを見ているような政策ではない。自ら世界のなかの日本を意識して、世界経済の流れにどう合わせるかを政策理念とする日本を求めているのである。

そういう観点からすると、改革論者である小泉首相でさえ、頭の構造が鎖国的であると言わなければならない。

グローバル経済では国家の力はマーケットに太刀打ちできない

だいたい日本人は、世界のマーケットの力というものがわかっていない。

日本の国家予算は八二兆六〇〇〇億円である。これが、小泉政権が国家権力として自由に使うことのできる金額である。これを一日に換算すると約二二〇〇億円になる。

これに対してマーケットはどうか――。

たとえば、世界の為替市場は一日一五〇兆円規模である。世界第二のGDPを誇る日本の国家予算の七五〇倍もの資金が為替市場を動き回っている。

一パーセント為替が変動しただけで、一日一兆五〇〇〇億円のお金が増減する。日本の国家予算の一日分、二二〇〇億円をはるかに上回る七倍もの金額が増えたり減ったりするのである。為替がちょっと振れただけで、一日何兆円規模で日本経済に大打撃を与えたり、逆に大きな恩恵を与えたりするのである。

円が高くなれば、日本を背負って立つ基幹産業、すなわち輸出産業が大打撃を受ける。すなわち輸出競争力が落ちるから、加工貿易で生きている日本には大きなダメージとなる。為替の高低こそ、日本経済の生死を決めるファクターだと言っても過言ではない。そしてこれは、総理大臣の支配力とはまるで無関係な市場原理で動いている。

為替一つとってみても、首相の力など、一国の経済になんら影響しないということがわかるだろう。株式市場もまた然りである。

東京市場だけで、少ないときでも一日七〇〇〇億円、多いときで一兆円を超える取引がある。そして、株価が上がれば企業や個人の資産が増えるし、また下がれば資産が減る。資産が増えれば、不良債権は解消していくし、資産が減ればさらに不良債権が増える。

小泉首相が構造改革をしなくても、株価と地価が上がれば不良債権はいくらでも減らすことができる。マーケットが、日本の不良債権解消のカギを握っているのである。

商品市場、原油市場など、ほかにも国民生活に影響を与えるマーケットは多数存在しているが、このいずれをとってみても、首相の裁量権とは直接関係がない。

そして、為替市場や株式市場同様、やはりこれらの市場のほうが、小泉総理よりお話しにならないほど国民生活と日本経済に強くて大きい影響力をもっている。

国家権力（国家予算）とマーケットの力の差はこれだけ大きい。国家の政策をもってしても、市場の力は押さえることができない。

市場の三原則の一つである「数」において国家のそれと比較にならない以上、国家はマーケットに従属せざるをえない。

「構造改革なくして景気回復なし」という小泉内閣の考え方が間違っていることは、この

「力」の差でも明らかである。

アメリカの繁栄の方程式はもはや無力となってしまった

マーケットがどれだけの力をもっているか、十分に理解していただけたものと思う。ここで、日本がとるべきマネー戦略に話を戻そう。

アメリカは、一九八〇年代後半の不況からわずか八年間で、つまりクリントン政権になってからの八年間で、またたく間に未曾有の好景気となった。われわれは、その繁栄をまさに目の当たりにしてきた。

クリントン前大統領がマネー戦略によって好景気を実現してみせるまで、不況から脱出する方法はニュー・ディール政策か戦争しかなかった。クリントン大統領のマネー戦略こそ、好景気創造の第三の方程式だったのである。

しかし、いまやアメリカの金融政策は、もはや効果を発揮することができなくなっている。グリーンスパンFRB議長がどういう発言をしても、市場は動かなくなってしまった。

かつてニューヨーク・ダウが六〇〇〇ドル台で推移していたころ、彼は、「この株価がバブルかどうかは、何年か経ってみないとなんともいえない」と言っていた。しかし、その後、一九九八年になってニューヨーク・ダウは九〇〇〇ドルを突破し、金利の上昇と競い合うように株価は上げ続け、ついに二〇〇〇年三月にニューヨーク・ダウは一万二〇〇〇ドルにまで接近した。

一方、米ナスダックは一九九九年に年間八八パーセントもの上昇を見せた後、同じく二〇〇〇年三月に五〇〇〇ポイントをつけた。

この間、株価はグリーンスパン議長の度重なる警告にもかかわらず上昇を続けた。利上げをすればするほど株価は上がっていった。

ところが、株価は二〇〇〇年三月を天井として、四月から下落に転じ、とりわけ米ナスダックの下落は激しく、一年後の二〇〇一年三月には、なんと一六〇〇ポイント台にまで落ち込んだ。

二〇〇一年一月から八月までに合計三パーセントという過去に例をみない大幅な利下げが行われたが、株価の下げは止まらなかった。

グリーンスパン議長の金融政策は、神通力を失ってしまったのである。彼は二〇〇一年七月の議会証言で、いみじくも次のように述べている。

「金融政策も財政政策も、アメリカに押し寄せてくる波を変えることはできない。なぜなら、財政政策によっても金融政策によっても、人の心、人の本性を変えることはできないからだ」

簡単に言ってしまえば、彼はもう匙を投げたということである。ただし、彼の発言のなかには一つだけ間違っていることがある。

「財政政策もアメリカに押し寄せてくる波を変えることはできない」

これは、アメリカの経済政策がマーケットの意志に反していることを証明する言葉である。「押し寄せてくるマーケットの波を変えようとする」発想が根本的に間違っている。こうしてグリーンスパンの神通力も通用しなくなったアメリカは、一刻も早く実体産業を成長させなければならなくなった。そのために、ブッシュ大統領がまず最初にやったことが大減税である。お金をばら撒くことで、購買意欲の喚起を狙ったのだ。

二〇〇一年には不景気が本格化することがわかっていたブッシュ大統領は、選挙の前から一兆六〇〇〇億ドルの減税をすると宣言していた。民主党の反対で結局一兆三五〇〇万ドルに減額されたが、七月には無事に減税が実施され、財務長官発行のリベートチェック（政府小切手）がアメリカ国民にばら撒かれた。

しかし、それでも株価はさっぱり上がらなかった。消費と不労所得が大好きなアメリカ人でさえ、今回ばかりはさすがに無計画にお金を使うようなことはしなかった。

ということは、アメリカは得意中の得意の金融政策がきかなくなっただけでなく、財政政策も効果がない状態なのである。

もはや、アメリカのマネー戦略の時代が完全に終わったことは確実である。失敗したわけではない。第一の目的は達成され、次の第二の目標に進むということである。

グリーンスパン議長は、同じく七月の議会証言で、「日本の資金停滞が問題だ」と発言し、デッドロックの原因を日本のせいにし始めている。

たしかに、この発言は正鵠を射ている一面がある。日本はまだ金融政策も財政政策も何もしていないも同然だからだ。

この政策とは、先に述べたように、日本国内の政策ではない。世界に向けた財政政策と、世界中の資金をどうすれば日本に呼び込めるか、そのための金融政策が何も行われていないという意味である。グリーンスパン議長の言いたいことは、日本に市場の意志に従ってくれ、ということである。

小泉首相は、「国債発行三〇兆円枠」を設定し、これを死守する構えだが、これこそ市場の意志を無視し、日本国内経済のみにしか目が向いていない証拠である。というより、個人的な「意地」を通すことにより日本経済を破綻させかねない愚かな行為である。

日本はマネー立国たる条件を世界で一番備えた国だ

アメリカのマネー戦略は、市場を前にして無力となってしまった。しかし、いま日本がマネー戦略をとったら、どうだろうか——。

まさに、その効果はてきめんである。日本は金融立国たりうる国なのである。金融立国になるだけの資格を日本は備えている。

マネーには、一国の経済を維持し発展させるために必要なマネーと、それ以外の余剰マネーの二つがある。

この余剰マネーは、無国籍である。どこの国にも属さない、どこの国に対しても愛国心のない、純粋な「お金のためのお金」である。しかも「数は力なり」の資本主義では、投機資金は国家予算よりも大きな力をもっている。このマネーがいま、日本やアメリカ、そしてヨーロッパ経済を支配しているのである。

しかし、この余剰マネーを呼び込んで、それによって国家を成り立たせることができる国は、世界でも限られている。余剰マネーが好むのは、資本の自由な活動が保証される安全性、経済発展によって資本が増える成長性、そして自己資金が豊富な市場である。

クリントン政権時代のアメリカには、資金運用の安全性の保証と自己資金（国民の現金預金）はなかったが、ニューエコノミーによる成長性があった。しかし、もはやその成長性のシンボルだったＩＴ産業は沈下してしまった。

いまや、世界中を見渡してみて、安全でＩＴ産業がまだアメリカほど発達していない国、まだこれからＩＴ産業が成長する国は日本しかない。

アメリカは、対外債務も、貿易赤字も大きい。本来、資本主義社会において財務体質的に自立できないはずの国なのである。

では、自立できないはずのアメリカが、世界を支配しているのはなぜなのか――。

それこそ、マネー立国として成功したからである。

しかしいま、アメリカはマネーの論理が通用しない国になってしまった。

いま、日本とアメリカを比較した場合、どちらがマネー立国にふさわしいか、マネーの本質に戻って考えてみれば、それは明らかに日本である。

それはなぜか――。

その理由は二つある。ここまで述べてきたことを思い出してほしい。

まず第一に、マネーはリスクを嫌う。しかし、アメリカはリスク国家である。アメリカという国はパイオニアを求めて、膨大な投資を行う国である。

これは、アメリカの家庭も同様である。クレジットカードとローン、これで生活している。ローン残高と保有資産を相殺すると、アメリカはほとんどの家庭がマイナスになってしまう。

これが、日本の家庭では、ほぼプラスになっている。借金が少なくて、なおかつ現金をもっている国が日本なのである。

余剰マネーという名の投機資金は、リスクが嫌いである。安全な国を好む。そういう意味で、マネーが好むのはアメリカより日本なのだ。

そして第二の理由は、成長性である。安全であっても、増えなければしようがない。増えないところにはお金は動かない。安全性の次にマネーが好むのが成長性である。投資効果がないところにマネーは一日たりともいられない。

では、日本にその成長性はあるだろうか――。

国の成長力を示すものとして、その技術力がある。

一九九九年度の日本の民間企業の技術貿易（特許、ノウハウなどの技術の提供および受け入れ）をみると、技術輸出額が九六〇八億円、技術輸入額が四一〇三億円となっている。同じく一九九九年度の技術貿易収支比率（支払額に対する受取額の倍率）二・三四倍は、過去最高である。

対アメリカの技術貿易は、輸出五五〇〇億円に対し、輸入二九一六億円である。産業貿易は常に日本が輸出超過の状態だが、技術力に関しても日本はアメリカを大きく上回っている。つまり技術力もアメリカより日本のほうが上だということだ。したがって、潜在成長性という面においても、日本のほうが上なのである。

では、なぜ安全で成長性がアメリカよりすぐれているのに、日本にはマネーが入ってこないのか――。

それは、日本が安全で成長性があるということを、日本自身が知らないからである。そういう認識がない。だから、世界市場にアピールすることができないのである。日本は大金持ちでありながらお金の使い方を知らないばかりか、世界一有望なのに自ら最低だと思っている。

日本はたいへんなお金持ちなのだが、お金の使い方を知らない。富を倍々ゲームで増やすことができる資金があるのに、そのお金を眺めているだけどころか、金庫にしまい込み、鍵をかけて誰にも見せないようにしている。

これでは、貧乏であるのと同じことだ。

貧乏というのは、お金がなくて使えない状態のことだ。しかし日本は、腐るほどお金がありながら、お金の使い方を知らないのだから、結局、お金を使うことができない。

お金を「使わない」のも、「使えない」のも、どちらも貧乏に変わりない。

世界の余剰資金は暗い顔をした貧乏が嫌いだ。景気のいいお金持ちを求めている。だから、貧乏なところにはこないで、多少のリスクを冒しても、いつも明るくて元気のいいアメリカに資金が集中するのである。

日本は世界一のお金持ち国家だから、これから金融大国にならなければならない。アメリカがその資格を失ってしまったいま、もう日本をおいてほかにマネー大国たる資格のある国はない。

日本に資格がある以上、金融大国になるのは日本の世界に対する義務でもある。これから日本は、国是として金融大国を目指さなければならない。

アメリカのように、財務長官にロバート・ルービンのような相場師を採用したり、ジョージ・ソロスのような金融マフィアと組むこともない。まず、日本の実像を直視することである。それだけのことだ。こんなにお金をもっているじゃないか、と気づくだけのことである。

アメリカは、ジョージ・ソロスのような旗振り役を使って、やっとのことで資金を集めた。ルール違反ぎりぎりのことまでやって、他人のお金をまるで騙すようにしてかき集めてやっと金融大国になったのである。

ハンガリー生まれのソロスは、東欧改革に取り組む慈善家としても知られているが、その顔の裏に、冷徹な相場師としての顔がある。今回の同時多発テロでも、ソロスは一〇億ドル（一一五〇億円）の資金をもとに世界中の市場でアメリカの債券、株式にカラ売りを浴びせ、たった三日で一兆六〇〇〇億円稼いだとも噂されている。東欧生まれのソロスだが、彼はまるで無国籍のように活動する。倫理も何もあったものではない。

市場の意志が、まさにソロスの意志なのである。アメリカは、日本と違って基本的にお金のない国だから、無理なお金のかき集め方をしなければならなかったのである。

しかし、日本には八三〇兆円にも上る現金がある。日本は、自分がお金持ちであることを自覚して、お金持ちにふさわしい行動をとるだけでいい。

いまの日本は、ぶくぶくの脂肪太りで、階段を上がると息が切れるような状態だ。つまり、八三〇兆円もの資金量をもつ世界一のお金持ちにもかかわらず、正しいお金の使い方をしていないため、それらがすべて贅肉になってしまった状態である。

資本主義社会では、お金をもっていることはいいことである。ところが、大金をもっていても正しい使い方をしていないと体が重くなって心臓に負担ばかりかかってしまう。お金持ちになったばっかりに、早死にすることになってしまう。

ヘモグロビンが豊富にあって、酸素をたくさん供給して、血が真っ赤であれば、太っていても大丈夫だろう。相撲取りはあれだけ太っているが、取り組み中に心臓麻痺を起こすことはない。正しい太り方をしているからだ。つまり、太っていても健康なのである。

しかし日本の場合は、ただぶくぶくお金太りしているだけだ。階段を一歩上っても息が切れる。しかも、血のなかには不良債権という毒素がたまっている。

だから、体質を改善して血をきれいにしよう、そうしなければ健康な体になることはできない。健康にならなければ、いつまでたっても運動（景気回復）なんかできない――小泉首相はこう言っているのである。

これは正しい。しかし、きれいな血を自分でつくることも大事だが、たった一日二一〇〇億円の造血剤では、健康が回復するのがいつになるかわからない。市場から、大量の輸血をしてもらうしか、早期回復の方法はない。つまり、世界中から血をかき集め、盛んに運動することである。つまり、もっと国民は派手に生活することである。

こんな当たり前のことを忘れているのだ。

クリントン大統領が就任した当時のアメリカ経済は、まさに死に体だった。そのアメリカが元気になったのは、世界中からお金を集めて輸血をしたからこそである。日本も同様に、世界中からお金が集まってくるようにしたらいい。

アメリカは、ジョージ・ソロスをはじめとするお金のプロを集めて、派手に世界中の資金を集めた。日本は、もともとお金が寝ているのだから、アメリカがやったようなことをする必要はない。ただ、世界から呼び水程度の資金をおびき寄せればいい。

そうすれば、日本国内に眠っているお金が目を覚まし、上昇気流の株式市場に入ってくる。そうなれば日本の一〇年以上続いた不況もたちまち終わり、好況へ向かっていくことだろう。一日一・三兆円の規模の箱庭の中で何をしようとも、日本経済の現状を変えることはできない。

小泉政権が構造改革に真面目に取り組めば取り組むほど、株価が下がっていくことが、なによりの証拠である。

小泉首相は三年で不良債権を処理すると言っているが、株価の下落とともに、不良債権の額は日増しに増えている。減らすと言っていながら、実際はますます不良債権を増やしている。世界の誰も、小泉首相の言葉を信用しなくなってしまった。一番困るのは、マーケットが小泉内閣に失望していることである。

そんなことが日々起きている日本に、アメリカに行っているお金が帰ってくるわけがない。最悪のアメリカのほうがまだ日本よりましだからだ。

小泉内閣は、なんとかして株価を上げたいところだろう。しかし、株価を上げたいという気持ちがあっても、補正予算は組みません、景気対策のための予算は組みません……、これでは株価が上がるはずがない。

口先と行動がまるで逆で、株価を下げる政策に一生懸命取り組んでいるようなものだ。実際にやろうとしていることは、株価を下げることばかりである。

こんな状態で、日本に資金を呼び戻せといっても無理だ。アメリカはもうリセッションに向かうことは確定的だが、それでもマーケットは、アメリカにいたほうが日本に戻るよりもましだと判断するのである。投機資金が日本に戻ってこないかぎり、日本の株価は絶対に上がらないことを知らねばならない。

経済再生の道が閉ざされたアメリカが自らの手で進めざるを得なくなった政策

ブッシュ大統領もポール・オニール財務長官も、アメリカは二〇〇二年から成長に向かうと力説している。しかし、いまアメリカはリセッションに向かっており、ひとりで頑張っても、もう資金を集めることはできない。日本が大胆な量的金融緩和でアメリカを助けないことには、アメリカの成長はない。

しかし日本は、アメリカに協力しなかった。それなら、日本に投機資金を呼び込み、一気に日本を株高にして内需を拡大し、「バイ・アメリカ（アメリカ買い）」したらいい。これでアメリカ経済も、世界経済も再生できる。

ところが、内にこもってしまった小泉内閣は、いっこうに動く気配がない。

こうなると、アメリカには選択肢は一つしかなくなってしまう。アメリカはアメリカの責任において、経済を再生しなければならない。アメリカに唯一残された選択肢をとるしかない。それは何か――。

戦争である。

ここではっきり言っておきたいのは、アメリカを戦争に追いやるのは日本だということである。

アメリカが戦争しなくても、日本ができることは、先に述べたようにたくさんあった。どの策をとっても、日本にはなんの犠牲もない。犠牲になるどころか、大きなプラスになる策が目の前にありながら、どれも実行しようとしなかった。

わざとやらないのならまだしも、そういう方法論があるという認識すらない。見栄えがよく国民から拍手喝采を受ける「言葉」に専念し、グローバル・センスからすればなんの役にも立たないことばかりに時間を費やし、いたずらに国家予算を浪費してしまった。

アメリカのリセッションを食い止め、世界を救うことができたのは日本だけだったのに、その自覚すらまったくなかった。日本は、世界的使命を果たす責務があったのに、まったく責任も感じていない。

しかし、アメリカを戦争に追い込んだのは、日本である。アメリカが戦争を起こす責任は、すべて日本にある。

しかし、あのしたたかなアメリカが、日本の支援を信じて、何も行動していなかったわけではない。戦争をするための仕掛けは、クリントン政権の時代から着々となされてきた。

クリントンは、ノーベル平和賞欲しさに中東和平に力を傾けたが、その一方で別の仕掛けもちゃんと準備していたのである。その集大成が、信じられないだろうが、二〇〇一年九月一一日にアメリカで起こった同時多発テロ事件だったのである。

あれだけ平和を強調していたクリントン政権でさえ、裏に回れば戦争に向けた布石を打っていたのである。これに疑念を抱く読者は、イラクとの関係について考えてみたらいい。

アメリカにとってイラクのサダム・フセイン大統領を失脚させ、政権を潰すことなど、いとも簡単なことである。それなのに、なぜ小さな小競り合いを起こすだけで放置しておいたのか――。

それは、いつでも戦争する火種を残しておきたいからである。イラクのフセイン政権があるかぎり、アメリカはいつでも好きなときにフセイン大統領を挑発することによって、中東で戦争を起こすことができる。すなわち、中東を軍事支配できるのである。

そういった意味でアメリカにとってフセイン大統領は貴重な存在なのである。政治家とは、「歴史を捏造する者」である。また、「歴史はたわごとである」とはヘンリー・フォードの言葉である。

本当のことしか言わない政治家は、日本以外の国では政治家として失格である。政治家というのは、表で平和を謳いながら、裏では平気で人殺しができるようでなければ務まらない。実に気の毒な職業なのである。

とくにアメリカでは、この能力をもっていないと、政治家たる資格はない。したがって、日本には政治家が一人もいないということである。実に幸いである。

国民のために、国民と心を同じくして涙を流し、神のために手を天に差し伸べて、「神よ我を救いたまえ」と演出する政治家は古今東西数え切れないほどいる。

「神よ我に平和を与えたまえ」と言いながら、その裏でよその国の国民どころか自国民でさえ平気で殺戮できるような政治家が、歴史にその名を残してきた。ルーズベルトもその一人である。

そして、自らの民族を殺害しておきながら「彼らが死んだのは運命のいたずらだ。神はやはり我が民族を助けて、敵を滅ぼした」などと平気で言う。

これが、何度も言うが日本以外の立派な政治家像である。それができない政治家は、政治家たる資格がないばかりか、資本主義社会では無責任になってしまうのである。それどころか、国民を裏切ることになってしまう。

大衆の面前で言うことと、本意がまるで違うのが政治家である。

そしてブッシュ大統領は、就任早々、着々と政治を行っている。まさに責任ある政治である。ブッシュ大統領は政治家としての資格を十分に備えている。

大統領就任以降、彼がやってきたことは、ストレートで、他国がいかにもアメリカらしいと思うようなことばかりだった。ところが、腹のなかでは、まったく別のことを考えていたのだ。

一方、小泉首相は本当のことを言う人である。彼は、構造改革をしたら日本はよくなると本当に信じているようである。小泉首相がアメリカで通用するような本当の政治家だったら、キャッチフレーズの不良債権解消や構造改革を表に打ち出しながら、別のことをやっただろう。つまり、政界再生である。

構造改革などはじめからできないと踏んで、これを断行するために政界大編成が必要だと叫んで実行することである。つまり、構造改革をだしに使って自己の政治的野心を全うすることである。これが政治家の常識である。

ところが、小泉首相はどうも本当に構造改革が実行できると思っているらしい。

これは、日本の悲劇である。できないものをできると信じてお金と労力を使うことほど馬鹿げたことはないからである。仮に不良債権を全部なくしても景気は回復しないのに、小泉首相は純粋無垢で、それを信じているようである。

そういう意味では、彼は本当の意味の政治家というより、宗教家に近い。

しかし、いまの日本には、こうした真正直な人、本当のことしか言わない人こそ必要なのかもしれない。皮肉なことだが、いま小泉首相のような人が日本にいることは、タイミングからいえばベストである。

先にブッシュ大統領の例をあげたが、たとえばロシアのプーチン大統領にしても、イスラエルのアリエル・シャロン首相にしても、相当な政治家である。

プーチン大統領は、いま一生懸命中国に武器を売りつけているが、実は裏ではアメリカと利害を共にしている。イスラエルのシャロン首相も、アメリカにパレスチナとの和平交渉の仲介を頼みながら、裏では戦争を望んでいる。

彼らは、表の言動と心のなかが見事に正反対の人たちである。歴史のページには真正直な人が描かれているが、歴史を動かすのは悪人である。

第四章◉

日本はマネー経済で大復活する

円高、高金利で日本は新たな繁栄の時代を迎える

日本のいまのデフレは一九七一年から始まっていた

いま、日本はデフレで苦しんでいる。どんどんものが安くなって、経済が縮小している。どこかで、デフレスパイラルを断ち切らなければならない。

第三章で述べたように、日本は無為無策を続けてきたが、ここにきて調整インフレ論を支持する声が産業界を中心に高まっている。

この是非を論じるには、インフレとデフレについて、認識を新たにしておかなければならない。

日本における自由経済下のインフレの典型は、第二次世界大戦後の一時期にみることができる。

戦後しばらく、物不足が続いた。たとえば、テレビが町に一台しかないような、需要が供給を大幅に上回っていた時代である。

日本もヨーロッパも第二次世界大戦の戦禍で生産設備が破壊され、生産能力が極端に低下していたため、当時、ものを供給できたのは世界中で唯一アメリカだけだったのである。第二次世界大戦中、アメリカはハワイの真珠湾以外、国土のどこも他国の攻撃にあっていない。

新しい商品はアメリカでつくられ、世界に供給されていった。戦後の日本にはこれといって輸出できるものがなく、輸入ばかりで貿易収支は常に赤字続きだった。それどころではない。食うや食わずだったのである。

あのころ、日本が輸出していたものといえば、映画ぐらいのものだった。映画が一時、品目別輸出額のトップを占めたこともあった。

この時代に起きたのがインフレーション、価格インフレである。ものがないから値段がどんどん上がっていく。だから昨日五万円で買えたものが、次の日にはもう五万円では買えなくなってしまう、そんな時代だった。

国民の財産も同様だった。インフレで貨幣価値が下がっていくから、一〇〇万円の貯金があっても、数年後には目減りして半分の価値もなくなってしまう。

こういう状況では、国際的な信用は得られず、外国の品物を買おうにも、お金の価値がどんどん下がっていくので、新たにお金を発行しなければならなくなる。そうするとさらに貨幣価値が下がる。この悪循環が俗にいうインフレである。

悪性インフレは、このように供給が少なく、需要過剰なときに起きる。

しかし日本はその後、年々経済成長を続け、朝鮮動乱やベトナム戦争による特需で好況となり、設備投資も進んでいった。傾斜生産方式という、重工業特化型の産業振興政策によって日本は戦後の荒廃から立ち上がっていったのである。

国民生活も、一九五〇年代なかばからの三種の神器（冷蔵庫、洗濯機、白黒テレビ）、一九六七年に始まった三C（カー、クーラー、カラーテレビ）のブームを経て、消費が急速に伸びていく。これにより、国内の産業はまさに右肩上がりの目覚ましい発達を始めることとなった。

この間、安い、すぐ壊れるといわれた「メイドイン・オキュパイド・ジャパン（占領下の日本）」は「メイドイン・ジャパン」となり、しだいに高品質の代名詞となっていく。

日本経済は戦後、ゼロからスタートしたが、経済成長とともに設備投資を積み重ねながら、最新の生産態勢を整えていった。アメリカの生産設備は、戦前からのものが多く、日本の生産設備より旧式、非能率的なものが多く残っていた。また、ヨーロッパの復興は日本に比べてかなり遅れていた。

実体産業の持続的成長により、日本の供給力は加速度的に増加し、インフレは沈静化していった。そして、それまでアメリカ一国だけだった供給大国に日本が加わり、世界の需給バランスに変化が起こり始める。

そして、一九七一年あたりから一転して世界は過剰需要から供給過剰になっていく。さらに、相当の分野で日本の生産がアメリカを上回り始める。

たとえば、テレビは当時の時代を象徴する商品だったが、日本製テレビのアメリカ市場への浸透で、ＲＣＡやＧＥ（ゼネラル・エレクトリック）などのアメリカ家電メーカーはテレビの国内生産から撤退し、日本製品が世界を席巻することになったのである。その後、自動車生産でも日本はアメリカを凌駕するようになった。

こうした状況の下、戦後から続いていた日本の貿易収支の赤字は恒常的な黒字に転換していった。

この時期の出来事で忘れてならないのが、ニクソン・ショックである。

アメリカは戦後、世界唯一の供給国として世界中のお金を自国に集中させ、貿易黒字大国になった。それが日本の台頭によって、貿易収支が一転して赤字となった。

アメリカのドルはそれまで、金と交換できるということで信用を維持していたが、貿易収支が赤字になったとたん、すなわち支払い超過となったとたん、金との交換を停止することを一方的に宣言したのである。

第三七代大統領リチャード・ニクソンは、日本の敗戦記念日の八月一五日にわざわざタイミングを合わせ、ドルの金交換制停止を柱とするドル防衛強化策の発表を行った。

この一九七一年は、世界が需要過剰から供給過剰へと変化したことを示すエポックメイキングな年だったといっていいだろう。すなわち、この年すでにデフレ要因が芽生えていたのである。

その後、日本だけでなく、ヨーロッパも回復していく。なかでも、西ドイツの成長は目覚しいものがあった。世界経済の回復とともに、供給過剰はさらに進行していった。

デフレという言葉が一般にいわれるようになったのは、バブル崩壊後のことである。そして、日本政府が「デフレ宣言」をしたのは二〇〇〇年三月一六日のことだった。

グローバル経済下では インフレは心配する必要がない

供給過剰、すなわちものが多いということは、値段が上がらないということである。

さらに、グローバル化の進展とともに、少しでも国内物価が上昇すると、中国などから安い品物がどっと入ってくるようになった。これによって、物価は安定することになった。

先に例としてあげたテレビは、一部のハイビジョンテレビなど、高度な技術が必要なもの以外は日本でつくられていない。いま、テレビの生産量が一番多いのは中国である。

今日のように経済がグローバル化してくると、いくらインフレ政策をとっても物価は上がらなくなる。グローバル化時代、情報化時代には、物価は安定するのである。

日銀は有史以来という低金利政策を続け、手形や債券を買い入れる量的緩和策を続けているが、いくら日銀が資金を供給しても、いまの日本にはお金の行き場がない。ゼロ金利だから、貯金してもデフレで価値が目減りしてしまう。

それでは、市場にあふれている資金は、どこへ向かうのか――。

こんなときに、「インフレヘッジ」といって、市場に資金があふれ出したときに集まる場所がある。それが、株と土地である。

インフレ政策をとると株と土地がどんどん上がることになる。これは歴史的にも証明されているし、資本主義の原理からいって当然のことである。

これまで調整インフレ策が必要だという声があがったとき、反対した学者、エコノミストの意見は、インフレはいずれコントロールできなくなってしまう、いわゆるハイパーインフレになるというものだった。

しかし、いまは戦後ではない。もの余りの時代である。供給が過剰なうちは、価格は上昇しない。たとえ、ある品物が品薄になったとしても、価格上昇は一瞬のことだ。グローバル化が進んだ現代では、先に述べたように、海外からいくらでも安い品物が入ってきて価格を下げてしまう。

つまり、いまの時代は、インフレ政策をとっても消費者物価は上がらない時代だということである。

上がるのは土地と株、それに給料である。

これを日本の目の前で実証してくれたのが、アメリカである。

一九九五年以降、日本は超低金利政策をとり、アメリカへ資金がどんどん流れた。その結果、何が起こったか——。

株や不動産は上がったが、物価はほとんど上がらなかった。一時的に上がることがなかったわけではないが、許容範囲に収まっていた。

あれだけ世界中から莫大な資金が流れ込み、ナスダックが一九九八年末から二〇〇〇年三月にかけて一気に三倍に急騰したときでさえ、物価は上がっていない。必要な品物がアジアからどんどん入ってきたからである。

私たちは、この実例を実際にこの目で見ている。株と土地と給料だけが上がって、物価はぴくともしなかった事実を目の当たりにしたはずである。

一時期、原油価格が急騰したことがあり、すわ物価上昇かと心配した。原油価格が上がると製造コストが上がるので、物価は上がるはずだからだ。ところがあのときでさえ、物価は上がらなかった。コストの低い国から品物が入ってきて、物価の上昇を抑制してしまったのである。

このように、原油が上がったときでさえ、物価は上がらない。これが今日のグローバル経済なのである。

ここまできてもわからないのか
小泉首相は政治家失格だ

いま、日本がやらなければならないことは、不良債権の処理だという。なぜ不良債権ができたかというと、土地と株価が下がったからである。ならば、第三章でも述べたように、株価と地価を上げれば、不良債権問題は解消するのは当然のことではないか――。

土地と株はインフレにヘッジして上がるのだから、土地と株を上げたかったらインフレ政策をとればいい。決して物価は上がらないことがアメリカですでに証明されているのだから、勇気を出してインフレ政策をとらなくてはならない。

アメリカは、クリントン政権の時代、マネー戦略をとり、世界中からお金をかき集めてマネーインフレにした。しかし、日本には、八三〇兆円の現金があるのだから、他国のお金をおびき寄せる必要はない。

もっているお金、眠っているお金を呼び出す仕掛けをすればいい。すなわち、インフレ化である。お金を後生大事に持っていると目減りしてしまうから、ヘッジする株と土地に資金が移動するのは当然である。

インフレ政策をとれというのは、まさにマーケットの声でもある。

いま、アメリカの株が下がっている。これは、アメリカの株式市場から資金が逃げ出しているということを意味する。資金が逃げ出しているということは、もっていた株を売ったということだから、どこかにその売ったお金があるはずである。

では、そのお金はどこにあるのか——。

すでに述べたように、債券市場である。いま日本は、マーケットの声と正反対の政策を行っているから、債券市場にあるお金は日本に行きたくても行けない。

アメリカが落ち目のうちに、日本にお金を呼び込んでおいたら、日本の土地と株は上がったはずである。「資本の意志」としては、アメリカでさんざん儲けて、次は日本で儲けるはずだったのである。

ところが日本は構造改革などと称して「資本の意志」に反する政策を続けているので、仕方なく債券市場で小泉首相の政策転換を待っているのである。

仮に、アメリカで同時多発テロが起きなくても、日本の株価は一万円台を割っていただろう。ところが、テロがあったために、株価一万円割れは小泉首相の失策のためではなくテロ事件のせいだということになってしまった。

こんなに運のいい人も珍しいが、マーケットとしては困ったことである。小泉総理が、自分が悪いのではないということになると、小泉首相は反省することがない。それだけ政策転換への柔軟性がなくなってしまう。日本の株価がさらに下がるのはそのためである。

小泉総理は国債発行に三〇兆円の枠を設け、それにこだわっている。これもまた、おかしな話というよりとんでもない話である。まったく資本主義とマーケットの原理に反することで、いわば資本主義に対する挑戦としか思えない。

資本主義社会のマーケットには、自律調整機能というものがある。いまのように不景気で民間企業収益が落ちてくると、税収が落ち、国家の歳入が減る。したがって、経済規模を縮小させないで維持するためには、どうしても赤字国債を発行しなくてはならなくなる。

ところが小泉首相は、税収がどうなるかわからないうちから、三〇兆円以上の赤字国債は発行しないと決めてしまった。何度も言うが、これは市場を無視した独裁的、独断的、反資本主義的断定である。

日本の経済市場でこれほど民需が落ち込むと、当然のことながら公共需要が増える。民需と公共需要は市場でバランスがとれるようになっていて、これを市場の「自律調整機能」という。短期、長期で景気が循環するのは、この自律作用のためである。

いずれにしても、こうした市場の機能を阻害すると、経済はまったく自律機能を失ってしまい、景気回復は不能となってしまう。

小泉首相の「三〇兆円枠」の設定は、まさにこの市場の自律調整機能を無効にし、結果として日本経済の自律反発力を停止させてしまう無謀な行為である。

単なる失政では済まない問題である。

なぜなら、小泉首相は国民経済をまさに死に追いやろうとしているからである。歳入が減るのが決定的なとき、赤字国債の枠を決めてしまうなどということは、まさに「緊縮財政」である。

アメリカがリセッションになろうとしているとき、もっとも依存関係が強い日本が緊縮財政をとるとはどういうことか――。

小泉首相自ら、世界同時不況を起こそうとしているのと同じことなのだ。

さらに最悪なのは、小泉首相自身、自分のしていることが世界経済に対する破壊的行為であることがまったくわかっていないということである。

つまり、いま小泉首相がしなくてはならないことは、何度も言うように、マーケットの意志に従うことである。公共事業、公共投資を思い切って増やさなければならないということである。

しかし、小泉首相は相変わらず構造改革を進め、国債発行枠は絶対に三〇兆円以上に拡大しないと、いまなお言い続けている。

マーケットを無視する小泉内閣はマーケットに潰される

私は、自民党総裁選挙のときから小泉純一郎氏を応援してきた。小泉氏によって自民党の危機が救われ、一気に与党、野党を含めた保守新党誕生へ向かうと期待していたからである。

構造改革、不良債権処理を口にするのは簡単だが、これらを達成するには強力な政治力が必要である。国民の人気だけでは政治はできないのである。

それは、小泉氏が一番よく知っていることである。小泉氏の自民党総裁選勝利、そしてワイドショー内閣といわれる無派閥内閣の誕生は、国民の支持によるものであり、また非常に意味のあることだった。

しかし、小泉内閣は、政策実行内閣ではない。

小泉首相は、派閥力学とは関係のないところから生まれた総理大臣である。閣僚も、派閥とは無関係で、まったく実力も経験もない、ニュースキャスター向きの口先だけの人材を選び組閣した。

政治を知っている者なら、この内閣で本当に構造改革ができるなどとは絶対に思わない。いわんや日本の政治を知り尽くした小泉首相が、この内閣で本気で仕事ができるなどと考えているはずがない……。実は、私はそう考えていた。

したがって小泉首相は、当初から自分の内閣が「腰掛け内閣」であるとの認識を「腹のなかに」もっていたはずである。つまり小泉内閣は、「仕事のできる内閣」、古い言い方だが、「挙国一致内閣」をつくるための途中経過的内閣だと、小泉首相は認識していたはずである。

日本では、派閥に関係のない内閣はなんの仕事もできない。だから小泉首相の仕事は、なんらかの理由をつくり、この内閣を早々に解散し、仕事ができる新しい保守新党をつくることだった。

そして、仕事のできる内閣に一日も早くバトンタッチして、晴れて構造改革を断行する。私は、小泉首相がそう考えて行動しているものとばかり思っていた。

小泉首相は、反主流派でありながら国鉄民営化をはじめ至難な行政改革を断行した中曽根康弘元首相からアドバイスを受けていたのだから、当然、自分の任務は心得ていると思っていた。まさか、現行内閣で本気で構造改革を進めようと考えているとは、夢にも思っていなかった。

彼は非常に人気がある。Tシャツや写真集もよく売れているそうだ。

そんな芸能人的な人気をバックに、実力者のいない内閣で仕事をしようというのは、世界第二の経済大国を預かる政治家として、非常に危険であり、無責任である。

だから、内閣が人気絶頂のときに、なんらかの理由で、できたら経済にかかわりのない問題で、国民に信を問うかたちで解散しなくてはならなかったのである。そのうえで、国民の熱狂的支持の下、保守新党、小泉新党へ統合する。そこではじめて理想の政治に挑戦するのが、真の政治家の道ではなかったのか――。

私は、小泉首相がいつ本性を発揮して解散するか、固唾を飲んで見守っていた。国民の支持率も高く、特別な問題もない内閣をどうして解散するか――私は毎日それぱかり気にしていた。

あるとき、私は「これは、やるな！」と思ったことがあった。「靖国参拝問題」のときのことである。与党内や周囲の異論にもかかわらず、小泉首相は異常なほど「八月一五日参拝」にこだわっていた。私は「これだ！」と思った。「小泉首相はこれで解散する」と思った。さすがの私も、いささか体が熱くなった。

参拝をやめないことが明白になるにつれ、周囲から妥協案が出たが、小泉首相はそれに乗らなかった。ますます私は、「いよいよやるな」と期待に胸を膨らました。

八月一五日の終戦記念日に堂々と胸を張って靖国神社に参拝する、小泉首相の姿が目に浮かんだ。そして、参拝直後、黒山のように押し掛けた内外の報道陣に向かって、「ただいま内閣を解散する」と天に向かって叫ぶ――。

「靖国神社解散」である。日本国民も世界も動転することになっただろう。

「日本は日本だ」と叫んで解散する。そして、「自分とともに日本改革に命をかける者だけで新党をつくろう」と叫んで、野党も含めて全国会議員に呼びかける。

小泉純一郎と握手をしたポスターの候補者全員が当選して、まさに一夜にしてゆるぎない強力な保守新党が日本に誕生したことだろう。

僭越ながら、もし私が小泉首相なら間違いなく、日本に訪れたこの歴史的チャンスを失うことはない。私は、本当に天が日本に与えた最後のチャンスだと思った。

しかし、現実は「落胆」だった。小泉首相を政治家だと思っていた私の期待は大きく裏切られた。それ以来、小泉首相の元気のいい顔もカラ元気に感じられるようになり、いつも変わらぬ「構造改革、構造改革……」という言葉も空しい念仏に聞こえるようになった。

もうこうなったら、マーケットに小泉内閣を崩壊に導いてもらうしかない。

小泉首相は、「株価に一喜一憂しない」などと、マーケットを無視した発言を繰り返している。しかし、株はマーケットの指標そのものである。一国の首相たる者が、その国の経済に無関心だということだから、何をかいわんやである。

こんな首相のもとで景気回復なぞ、望むこと自体間違っている。

資本主義社会における正しい政治とは、マーケットに従った政治を行うことであるから、マーケット無視の小泉内閣は間違いなくマーケットに潰されることになるだろう。

IMFの金融審査を受け入れた柳沢金融担当大臣の政治家的才覚

日本には、政治家がいないのか――。

そんなことはない。柳沢伯夫金融担当大臣は、マスコミでは問題児とされているが、大変な政治家であると私は思っている。小泉純一郎氏に落胆したから、無理して同郷の柳沢氏に横恋慕したわけではない。

二〇〇一年九月上旬、柳沢大臣はアメリカのＳＥＣ（証券取引委員会）、ＩＭＦ（国際通貨基金）、イギリスのＦＳＡ（金融サービス機構）などの金融当局に日本の不良債権処理の実状について説明してきた。

柳沢大臣は、「不良債権処理には一五兆円準備しているから日本の銀行は大丈夫だ」と言っていたが、海外の金融関係者は、日本の銀行の不良債権が一五〇兆円あることを知っている。一五〇兆円もある不良債権をたった一五兆円で救おうという説明に、アメリカは唖然としていた。

なぜ、こんなことを言っている人物が立派な政治家なのか——。

柳沢大臣のこの外遊に先立ち、二〇〇一年五月末にＩＭＦのケーラー専務理事が来日している。日本の不良債権処理計画について疑念を呈するとともに、内密にＩＭＦの金融審査を受け入れるよう要請しにきていたのだ。

柳沢大臣は、「しめた！」と思ったはずである。

九月五日、ＩＭＦの本部であらためてケーラー専務理事と会談した柳沢大臣は、金融庁は人手不足であることを前提としながらも、受け入れを前向きに考える——すなわち金融審査を受け入れると伝えた。

日本は、ＩＭＦのスポンサーである。日本がお金を出して、ＩＭＦは発展途上国に資金を貸し付けている。しかし、ただで貸すわけではない。貸し付ける前に、対象国の銀行や金融システムを徹底して改善させる。「こんなことをしていては発展できない。改めなさい」と指導する。これを金融審査という。

日本はＩＭＦに出資している国なのに、ＩＭＦはその日本の金融審査をしようというのである。これまで、先進国ではカナダに対して金融審査が行われたことがあるが、先進国に金融審査が入るのは、どんなときなのか——。

「要請があったときのみ」である。カナダも、自らの要請によって審査が行われた。

ということは、柳沢大臣は、ＩＭＦに金融審査を依頼しに行ったということなのである。しかし、自ら依頼に行ったということになれば、なぜ出資している国が審査の依頼をしなければならないのかと、総スカンを食らうことになる。だから、ＩＭＦから審査すると言いだしたように一芝居打ったのである。

これが政治である。柳沢大臣が金融審査を要請した理由は、この金融審査が柳沢大臣にとって、おおいにプラスになるからである。ひいては日本のマーケットにとってもプラスになる。なぜか——。

ＩＭＦの不良債権の認定基準は、日本の基準と大きく異なっている。破綻先債権の認定は同じだが、要注意先債権の基準がまるで違う。

日本の基準では、担保と保証人があっても担保価値が目減りしてしまって全額回収の目処が立たない債権は要注意先債権とされる。ところがＩＭＦの基準では、担保と保証人があれば不良債権とはみなされないのである。

いま金融庁は、銀行の不良債権隠しに加担しているといわれ、柳沢大臣はその矢面に立たされている。新聞や週刊誌などは連日、不良債権の額が金融庁の見積もりより多いと書き立てている。これが、マーケットにマイナスに作用して、銀行株が売られ、株が下がる結果にもなっている。

そこへＩＭＦという国際機関が、日本の不良債権を調査するといって乗り込んでくる。やっぱり金融庁の発表はでたらめだったんだなと、誰もが思うだろう。ＩＭＦさんしっかり頼みますよということになる。

しかし、これは柳沢大臣とＩＭＦの出来レースなのである。

先に述べたように、ＩＭＦの不良債権の認定基準は日本の基準より甘い。日本の不良債権のなかで一番多い要注意先債権が、ＩＭＦの基準では優良債権にすり替わってしまう。そういう債権が約八〇兆円ほどあるから、これがＩＭＦのお墨付きで優良債権になれば、柳沢大臣にとってこれほどうれしいことはないはずである。

ＩＭＦの金融審査によって、柳沢大臣は名誉回復するばかりか、日本の不良債権のうち八〇兆円の大部分がなくなってしまうのである。

マスコミ報道では、柳沢大臣の欧米訪問は、小泉構造改革のお墨付きをもらいに行くため、などと報じていたが、とんでもない。本当は、ＩＭＦへ金融審査してくれるよう依頼に行ったのである。

帰国後の記者会見で柳沢大臣は、そんなことはおくびにも出さず、真面目な顔をしてとうとうと喋っていたが、こういう御仁を立派な政治家というのである。

小泉首相も、少し柳沢大臣を見習ったほうがいい。つまり、政治のＡＢＣをである。

これでアメリカはいつでも好きな国と戦争できる

小泉首相は構造改革を諦めようとしない。さらに、国債発行の三〇兆円枠も改めようとしない。日本経済は、今後どうなるのだろうか——。

二〇世紀末の一〇年間の経済は、マネーの動き、すなわち「資本の意志」の動向を探れば、読み解くことができた。

ところが二一世紀の経済は、「資本の意志」だけでは読み解けない。第二章で指摘したように「支配の意志」、つまりマネーの原理だけでなく、政治の力の原理で世界が動くようになるからである。

日本経済の今後を予測するためには、まずアメリカを中心にした世界情勢を把握しておかなければならない。

いまアメリカは、同時多発テロをきっかけに、イスラム世界と際限のない戦争状態に入ろうとしている。

それでは、この戦争によって、世界はどのように変わっていくのだろうか——。

アメリカが「テロに対する戦争」を宣言すると、NATO（北大西洋条約機構）をはじめ、日本はもちろん中国やロシアまで、アメリカの軍事行動に協力するということで大合唱になった。

テロを好む人はいない。みんな「テロを憎む」ことでは一致している。

世界の国々のお茶の間に、人類史上かつてない同時多発テロの生々しい惨状が、ありとあらゆるメディアを通じ、繰り返し繰り返し送り込まれた。これによって、世界中のテロに対する怒りが頂点に達した。

ブッシュ大統領は、テロリズムに対して宣戦布告すると同時に、「テロ支援国家はアメリカの敵だ」と宣言した。

ここで重要なことは、この宣言によって二〇世紀までの「戦争概念」が変わってしまったことである。

これまで、アメリカもロシアも、他国から脅威や直接的な武力攻撃を受けたときには、反攻や報復のかたちで戦争をしてきた。そして相手国、敵国は、目に見える実在する敵国だった。

しかし、今回のアメリカの宣戦布告の相手は、目に見えないテロ、すなわちテロリズムである。そして、このテロリズムの根幹には反米思想がある。すなわち、アメリカは反米の国、人物すべてに宣戦布告したということなのだ。

テロを支援する具体的な国を指定しないで、テロとテロ支援国に対して宣戦布告したのは、まさに革命的である。極端な言い方をすれば、世界中のどんな国でもアメリカの敵になりうるということである。

仮に、ＣＩＡが、ある国のある組織がアメリカ大使館爆破を計画していることを察知したとしよう。その国は、その瞬間からアメリカの軍事的脅威にさらされることになる。

アメリカは、現存するテロ支援国ばかりか、将来、対米テロが発生する可能性のある国に対しても宣戦布告しているのである。つまり、反米思想が存在する国はどこの国でもアメリカの敵国になりうるのである。しかも、アメリカは前もって宣戦布告している。これまでのように、攻められてから報復する必要はなくなったのである。

どこかの国でＣＩＡが動き始めたとたん、その国はアメリカに脅威を感じることになる。すなわち、あのテロ事件以来、世界各国に「アメリカの軍事的脅威」がのしかかってきたのである。アメリカのテロに対する戦争が続くかぎり、世界はアメリカの軍事的脅威の下に置かれることになる。

だから、どの国もわれ先に「アメリカの協力国」になろうとしたのである。

これは、二一世紀の戦争の概念が変わったことを意味する。国を相手にする戦争から、反米感情などの精神を相手にする戦争に変わったのである。先に精神に対して宣戦布告することにより、「俺に逆らうといつでも撃つぞ」と、頭から脅威の網で世界を覆ってしまう。

これでアメリカは、たとえばユーゴスラビアのように、戦争したい国に対してＣＩＡに工作させて反米政権をつくり、アメリカに挑戦させる必要がなくなった。これでアメリカは、どこの国に対しても戦争ができるようになったのである。

ＣＩＡがテロの匂いを嗅ぎまわるか、テロを捏造するかしさえすればいい。アメリカは、自由に敵国をつくって攻撃することができるようになった。

新しいアメリカ支配の時代が始まったのである。

世界の半分を支配していたアメリカが同時多発テロですべてを支配する

このアメリカの支配体制に、これまで最大のライバルだったロシアも組み込まれることになった。歴史の大きな転換点といっていいだろう。

ソ連が崩壊してロシアになり、形式上、冷戦関係はすでになくなっていた。しかしごく最近まで、ロシアはＡＢＭ制限条約を盾に、アメリカのＮＭＤ計画やＴＭＤ計画に反対の立場を取り続けていた。これは、冷戦がまだまだあとを引いている状態だったといっていいだろう。

このロシアが、二〇〇一年九月二四日、アメリカのテロ制裁に関する対米支援策五項目を発表した。プーチン大統領がテレビ演説で発表した支援策は以下のとおりである。

1・テロ組織や訓練基地の位置などの情報収集において、ロシアはアメリカ、その他の国際諜報機関と積極的に協力する。
2・人道援助に限って、米軍によるロシア領空の使用を認める。
3・中央アジア諸国（カザフスタン、ウズベキスタン、タジキスタン）は、基本的にはロシアと同様のスタンスをとるが、米軍による領空や基地の使用については独自に判断する。
4・テロの被害にあった地域での捜索・救助活動に参加する。
5・アフガニスタンの反タリバン政権「北部同盟」との協力を拡大し、武器提供を含めた軍事援助を行う。

私は、このロシアの対米支援策の発表をもって東西冷戦が事実上、完全に終結したと考える。

冷戦体制の崩壊後も、ロシアは中国を支援して冷戦構造の維持に努めてきた。しかしこれは、ロシアが冷戦構造を維持することによって、中国に武器を売りつけ、お金を巻き上げるためだった。ロシアの軍需産業のためである。

その点で、アメリカとロシアは利害が一致している。アジアの緊張感を高めることで、ロシアは中国に、アメリカは台湾や日本に大量の武器を売りつけて利益を上げることができるからである。

そしてまたアメリカ自身、新たな冷戦時代のライバル国として中国の成長に望みを託していたことは事実である。アメリカもロシアも、中国が成長してくれたほうがありがたかったのである。

しかし、もはやアメリカと中国、ロシアの力の差は歴然としている。以前のような軍事力の均衡は望むべくもない。これが、アメリカにとって大きな悩みの種だった。強力な敵がいないということは、自国の存在にかかわるほどの問題である。

現在、世界の軍事バランスが大きく崩れた結果として、世界中のあちこちでアメリカ支配のタガが弛み始めている。冷戦体制の崩壊により緊張感が失われたことにより、世界のあちこちでアメリカの覇権が通用しなくなってきているのである。

先に述べたように、親米だったサウジアラビアが反米に方向転換したほか、フィリピン国会が駐留米軍の撤退を決議して既に何年も経つ。

アメリカとしては、早く冷戦時代のソ連のような強大な仮想敵国がほしい。そんなときに起きたのが、民間人六〇〇〇人以上の生命が失われる同時多発テロ事件である。歴史上、アメリカの中枢部に打撃を与えた国は存在しなかったが、同時多発テロは、過去にどの国もなしえなかったことをやってのけたのである。

このテロにより、アメリカは永遠にアメリカに対抗しうる、いわばアメリカにとってかけがえのない敵を手にしたのである。しかも今回は、かつての日本やソ連のように、目に見える敵ではない。テロリストという目に見えない敵である。

かつての敵国ソ連は共産主義の崩壊とともに消滅したが、往々にして目に見える敵はあっけなく消滅してしまうことがある。しかし、今回アメリカが宣戦布告した新たな敵はそう簡単に消滅するような相手ではない。

イスラム原理主義のテロリズムの根源にあるものは、「アンチ資本主義」である。そして今回のテロがアメリカに向けられたのは、アメリカが資本主義の権化だからである。

つまり、今回の同時多発テロ事件によって、アメリカは、先に述べたように、反米思想、反資本主義を標榜する国家・組織、および彼らを支援する国家・組織までを含めてすべてを敵とすることが可能になった。

これは換言すれば、イスラム社会に属する国家・組織をいつでも、自分の都合のいいときに敵にすることができるようになったということである。すなわちアメリカは、過去に例をみない巨大な敵を手に入れたのである。

イスラム社会は、地図のうえでみると中東を中心に各国に分かれているが、彼らはすべて同じ言語を話し、同じ宗教を信じている。その社会に属している人たちはすべて同胞で、すべて心でつながっている。

そして最近は、インターネットが彼らの結び付きをより強めている。すでにサイバースペース上には、強大なイスラム帝国が存在しているといっても過言ではない。

戦後の冷戦体制は、資本主義対共産主義という構図で成り立っていたが、今世紀新たに始まる冷戦体制は、資本主義対反資本主義の構図になる。

こうした状況のなかで、ロシアのプーチン大統領は先の支援策を発表した。米軍機の自国の領空通過を認め、さらにいまだに影響力の強いカザフスタン、ウズベキスタン、タジキスタンにいたっては基地の使用すら認めている。かつての冷戦時代では、まず考えられないことである。

プーチンは、なぜここまで譲歩したのか——。

アメリカは、いつでも戦争をしたい国に攻撃を仕掛ける権利を得て、軍事的に世界を支配することになった。第二次世界大戦でアメリカは世界の二分の一を手に入れ、同時多発テロでアメリカは世界のすべてを支配しようとしているのである。

ブッシュ大統領は、テロに対する戦争は二四年続くといっていた。要するに、これから二四年間はアメリカが世界を支配し続けるぞと宣言したということである。

これにより、世界は一つのパイになった。

このパイの恩恵にあずかりたい……。敏感に世界構造の変化を感じ取ったプーチン大統領は大幅な譲歩で、このパイ取り競争に参加する宣言をしたのである。

すし詰め状態の債券市場から資金が解放されるときがきた

話を経済に戻そう。

アメリカでは、金融政策も財政政策も効果なく、利下げ効果で伸び続けていた住宅産業も下降線をたどり始めていた。リセッションに向かうアメリカ経済を救うことができるのは、アメリカの基幹産業であり、市場の原理に支配されることのない軍需産業しかない。

これから起こる中東戦争で、アメリカの軍需産業は俄然、活気づくことになる。アメリカの軍需産業は、防衛予算増額と、台湾をはじめとする自由諸国の兵器需要増大により、増産へ向けて怠りなく準備を続けてきた。

前回の湾岸戦争では、冷戦終結による軍縮で瀕死状態になっていたゼネラル・ダイナミックス、マクダネル・ダグラス、グラマン、ロッキード、レイセオンといった当時のアメリカの軍需産業が、数千億ドルもの売上げを記録し、一気に息を吹き返した。

今回も同様のことが起きるだろう。現在のアメリカの軍需産業は、ロッキード、ボーイング、レイセオンといったところが中心だが、これらはいずれも、クリントン前政権時代の軍縮政策のために、大幅なリストラを余儀なくされていた企業である。こういった企業は、戦争開始とともに増産態勢をとらなければならなくなるので、これまでレイオフした人たちを工場に呼び戻さなければならない。

また湾岸戦争は「ハイテク戦争」とも呼ばれ、トマホーク・ミサイルやパトリオット・ミサイルなど、当時の最新鋭兵器が使われた。これらの兵器は、その制御にコンピュータシステムを使っている。そのおかげで、ＩＢＭやモトローラといった情報通信産業もおおいに潤った。

そしていま、兵器のハイテク化は当時よりはるかに進んでいる。ＩＴバブルの崩壊により情報通信関連企業は軒並み低迷を続けているが、これらの産業も、戦争が始まれば、息を吹き返すことになる。

こういった動きが、株式市場を刺激することは間違いない。債券市場に流れ込んだまま動きがつかなくなっていた資金が、まず一斉に軍需産業株へとシフトすることになるだろう。

同時多発テロ事件で閉鎖されていたニューヨーク株式市場がオープンした九月一七日、ダウ平均株価は六八〇ドルも下落した。とくに、航空機関連株や保険株の下落はものすごく、アメリカン航空などは五〇パーセントも下がった。ところが、軍需産業株は一六パーセントも上昇した。これを見ても、しばらくは軍需関連企業が景気の牽引車役を務めることになるのがわかるだろう。

前回のマネー戦略による株高では、ソフト産業に世界のお金が一極集中した。しかし今回は、ソフト産業ではなく、実体産業のほうに世界の資金が流れていく。

すなわち、今回の戦争政策によってアメリカの株式市場の主役になるのは、ナスダックではなくニューヨーク市場ということになる。

そして、同様の傾向が日本に波及することになる。

日本ではいま各企業が厳しいリストラを行っていて、徐々に利益を回復し始めている。二〇〇一年三月期決算は、各企業とも軒並み業績を好転させている。もっともその後の業績は振るわないが、企業はこの際なるべく身軽にしておこうと、黒字になった分を銀行の借金返済にあてている。

しかし、銀行は返済を受けても、貸し付けるどころではない。このところ数年間、日本の銀行の貸出率は毎年三~四パーセントのピッチで下げ続けている。企業の設備投資も当分見込めない。

日銀は重い腰を持ち上げやっと量的金融緩和に踏み切ったが、「トゥー・レイト、トゥー・リトル（too late, too little)」である。思い切ったインフレ政策がとれない日銀は、もはや用済みである。

資金があっても貸し出す先のない銀行は、仕方なくその資金を債券市場にプールする。当然、債券の需要が多くなるから価格は上がる。債券価格が上がれば、長期金利は下がる。このところずっとこの繰り返しだった。

このほか、債券市場には、株価の続落で一時的に株式市場から待避してきた資金も大量に入っている。まさに債券市場には、いま資金があふれ返っている。

本来、日銀が市場に資金を出せば出すほどインフレになるはずなのに、逆にデフレが進行している。これは、日銀から出た資金が、すべて債券市場へ吸い込まれるか、また日銀に逆流するかしているからである。

不況が続いて先行きが不安な国民は、お金を使わず、みんな預金に回す。預金量はどんどん増えていくが、消費は伸びない。ますますデフレは加速することになる。

しかし、債券市場は、もうこれ以上お金が入りきらないほど、ふくれ上がってしまっている。あとは株式市場へ向かうほかないが、株価が低迷している状態では、行きようがない。

この債権市場であふれ返っている資金が、ニューヨーク・ダウの上昇と時を同じくして、日本の株式市場になだれ込んでくるというのが私のシナリオだが、二〇〇一年は無理かもしれない。

日本の株式市場は、完全にアメリカの市場の動きとリンクしている。二〇〇一年八月下旬から九月にかけて、日本の株式市場は連日バブル後最安値を更新し続けていたが、同時期、ニューヨーク・ダウも急降下していた。

戦争によってニューヨーク・ダウが暴落し、それからまた回復に向かう過程に、日本の株式市場も追従することになる。

ただし日本の場合は、個別の業種・銘柄のなかから強い株が出てくるのではなく、実体産業が総体的に上昇することになるだろう。テロ事件直後に、まずニューヨーク・ダウの軍需産業関連株が上昇したように、日本でもやはり軍需関連株は注目に値する。

アメリカはテロ組織の資金源を絶つため国際的金融規制を強めているから、電子マネーソフトや、電子追跡ソフト関連は注目されるはずである。

海外の投資資金が狙える市場はいまのところ日本しかない。現在、大手ヘッジファンド、投資信託が、日本株を組み込み始めている。二〇〇二年を目処に日経225全体がかなり上昇するものと考えられる。

債券市場にぎゅうぎゅう詰めになっている資金が、ニューヨーク・ダウの復調ぶりを目にし、「これなら日本市場も大丈夫だ」と入ってくる。したがって、日本の株式市場は日経225の先物が先導するかたちで上昇に転じてくるだろう。

世界の債券市場には新しい行き場を求めて待機している資金が貯まっている。潜在的株式投資資金がうなっているのである。

日本の株価回復も
まずは軍需産業株から

一方、為替の動きはどうか——。

ポール・オニール財務長官が就任早々「強いドルは国益」という発言を繰り返していたが、これは当時、戦争を準備していたからだ。

中東で戦争が始まると、瞬間的にドルの価値は跳ね上がるだろう。アメリカはドル高で推移しているうちに、兵器に必要な部品、材料や原料を買いあさり、フル稼働へ向けて待機させていた製造ラインにどんどん乗せていく。こうして、大量の兵器を輸出する態勢が整った段階で、こんどは円高にシフトする。

円高になると円の購買力が上がるので、兵器が買いやすくなるから、アメリカの兵器の売上げに、日本がより貢献することができる。

また、中東では実際に戦争が起きるが、東アジアでは台湾と中国を軸にして軍事的緊張が続くことになる。挑発行為にも似た中国と台湾の軍事演習は、これからもますます増えるだろう。

すでに、アメリカの同時多発テロで日本は後方支援の法整備に向けて検討を始めているが、東アジアの緊張により、日本は集団的自衛権の問題を本格的に検討しなければならなくなる。

第二章でも述べたように、二〇〇一年六月に行われた日米首脳会談で、小泉首相は集団的自衛権を行使することを約束させられている。

これにより、日本はアメリカ軍の後方支援には欠かせない兵器や装備を調達しなくてはならなくなる。これまでは買わずに済んでいた兵器を買わなくてはならなくなるのである。空中給油機などがその一例である。

このように、日本がアメリカから兵器を購入するときは、円高が望ましい。

いま戦車を四台しか買えない予算でも、円高になればもう一台買うことができる。日本の負担は同じでも、円が高くなった分だけ、アメリカはたくさん売りつけることができるというわけだ。

こうして日本が集団的自衛権を行使し、アメリカとともに戦う方針がはっきりしてくると、今度は日本の軍需産業の株が上がることになる。三菱重工、川崎重工、石川島播磨重工、新明和工業といった企業の株価が上昇を始めることになる。

次いで、デフェンス株の株価が上がる。デフェンス株というのは、薬品やバイオ関連株のことだ。安全な株、景気の良し悪しに関係のない株である。

最初に上がるのは軍需関連の株だが、日本はアメリカと違って、軍需産業が経済全体を牽引するようなケースは考えられない。日本は、どこまでいっても民生産業が中心の国なのである。

二〇〇〇年の春に株式市場が値を崩し始めて以来、日本には株式市場全体を牽引する業種・銘柄がなかった。これにより、株価が膠着状態になり、少し上がるとすぐ売られる繰返しだった。しかし、軍需産業関連の株価が上がってくるころには、株式市場全体が活性化してくるので、そのなかから主導的役割を果たす業種が出てくることになる。

こうして、株価が上がれば、必ず消費は戻ってくる。抑えに抑えられてきた日本の消費が一気に回復することになる。

ただし、アメリカのように株価が上がって不労所得が増えるから消費が伸びるというパターンではない。日本では成人一〇〇人のうち七人しか株式投資に参加していない。したがって、株価が上がっても、株で儲けて所得が増える人はほとんどいない。アメリカでは、成人二人のうち一人が株をやっている。だから株価が上がれば、すぐに家計の不労所得が増えることになる。

それでも株価が上がることにより、消費者のマインドが変わってくる。日経平均株価は、一般消費者が景気の動向を知ることのできる一番身近な指標である。株価がぐんぐん上昇してくると、景気回復のムードが盛り上がってくる。それまで買い控えていた消費者が、どんどん買い始めることになるだろう。

もちろん、株価が上がりだすことによって、それまで株をやっていなかった人が新たに株の世界に参入してくることも十分に考えられる。日本型401kの加入者も増えるだろう。それによって、株価はまた上がっていくことになる。

日本版401k、ペイオフ解禁で個人の資金が株式市場に流れ込む

これにさらに、日本固有の条件が重なる。日本版401k（確定拠出型年金）のスタートと、ペイオフの解禁である。

まずは、日本版401kから解説することにしよう。

この制度は、アメリカの401kという私的年金制度を真似てつくられ、二〇〇一年一〇月から導入された。この制度の対象となるのは、公務員、専業主婦を除き、一般企業の社員から自営業者まで、すなわち公務員以外の労働者すべてが対象となる。毎月の掛け金の上限は、企業年金のない会社の従業員で一万五〇〇〇円から、自営業者の六万八〇〇〇円（ただし、国民年金の掛け金と合算して）までとなっている。

掛け金は非課税扱いで、給付を受けるときも税制の優遇措置がある。ただし、あくまでも年金制度なので、六〇歳になるまでは給付を受けることができない。

これまでの年金制度と違い、積み立てた掛け金は個別に管理され、転職の際には、そのま

ま新しい勤務先に持っていくことができる。持ち運びができる年金なのである。

この制度が導入されたからといって、すぐにいまの年金制度がすべて４０１ｋに切り替えられるわけではない。一般企業はこの一〇月から導入できるが、自営業者への適用は二〇〇二年からだ。しかし、企業年金が破綻に瀕している現在、４０１ｋ制度を導入する企業は増えていくに違いない。

この４０１ｋは、株式、公社債、投資信託、預貯金、信託、保険商品などから、三種類以上選択して運用することになっている。そして、その運用の仕方は、加入者が決めることになっている。

このかなりの部分が、株式市場に流れ込むとみられている。

日本の労働人口は約六五〇〇万人いるから、一月に一万円の掛け金だとして、その三分の一が株式投資に回されたとすると、毎月およそ二一〇〇億円の資金が株式市場に流れ込むことになる。年間二兆五二〇〇億円で累積されるから株価の底支えになる。株価の上昇期にはもっともふさわしい制度である。

ずいぶん虫のいい計算だと思われるかもしれないが、金融商品のうち、投資信託の何割かは株式投資にあてられているし、払い込まれた保険商品の保険料のいくらかは株式市場で運用される。いずれ大きな株価買支え圧力となることは間違いない。

ニューエコノミーによるアメリカの株価上昇と、国民の株式投資への関心の高まりは、この401kに負うところが大きい。いずれ日本でも、アメリカのように大人の二人に一人が株式投資をする時代がくるかもしれない。

その大きな原動力となるのが401kなのである。

そして次が、ペイオフの解禁である。

これにより、銀行に預けているお金は、その銀行が破綻したとき、元金と利息合わせて一人一〇〇〇万円までしか保証されなくなる。

当初の予定だと二〇〇一年四月一日から実施されるはずだったが、厳しい経済情勢をにらみ、一年間延期されていた。これが二〇〇二年四月一日から実施されることになる。

再度、延期を求める声もあるが、日本の金融システムに海外から疑念が発せられるなか、もう一年の延期は、どうしてもできないだろう。そんなことをすると、日本は完全に信用を失ってしまうことになる。

ペイオフが解禁されることになると、一〇〇〇万円以上の預金は保証されなくなる。一行一〇〇〇万円以下に抑えて、さまざまな銀行に分散して預ければいいという考えがあったが、「一人一〇〇〇万円まで」が原則で、いま政府は預金者の多銀行分散を避けるため、銀行側にコンピュータソフトの開発を急がせている。

銀行預金から流出する資金はどうしても株式市場に向かうことになり、株式投資で運用したり、投資信託で運用したりと、投資自体の分散化が進むことになるだろう。

先に述べたように、投資信託は主に株式で運用されている。日本の個人がもっている現金は八三〇兆円といわれているから、これによって株式市場に入っていく資金もかなりのものになるはずだ。

４０１ｋは二〇〇一年の一〇月から始まった。ペイオフ解禁による預金分散は二〇〇二年四月一日に向けて加速していく。これらの資金により、株価は加速度的に上昇し続けることになる。

円高、株高、金利高——日本経済は二〇〇二年に復活する

こうした日本の動きをみて、世界中から投機資金がなだれ込んでくる。ちょうど一九九九年までアメリカに世界中の資金が流れ込んだように、今度は日本に資金が入ってくる。アメリカに行ったまま帰るに帰れなくなっていた日本のお金も、ようやく日本に帰る決心がつくことになるだろう。

こうして、日本にお金が流れ込み始めればしめたものである。日本の債券市場から株式市場に資金が入り、個人の資金も流入し、海外からも資金が入ってくる。そして、アメリカに行っていた資金も帰ってくる。

日本の株式市場は還流資金で資金量が増えて活況を呈することになるだろう。

資金の株式市場還流で債券価格は下がり、長期金利が上昇する。長期金利が上がれば、当然、コールレートも上がってくる。

こうなると、もはや日銀がいくらゼロ金利に誘導しようとしても無理である。金利が上昇局面に入ってくると、当然、預金金利も上がることになる。

日本人は、八三〇兆円の現金をもっている。これは世界一の額だ。その大部分が預貯金に入っている。したがって、金利上昇によって、不労所得が預金口座に溜まってくる。円高、株高でなおかつ消費が伸びるとなると、これはまさに好況である。

株は上がって気分はいいし、不労所得の金利は入ってくる。円高だから、海外旅行も気軽に行けるし、海外の高価なブランド品も安く買える。そうなると、国民の支出は増えてくる。

日本経済は二〇〇二年、まさに健全なかたちで復活することになるだろう。

消費が伸びると、また収益が増え、企業の決算もいい数字が出てくる。まさに好循環である。

製造業を中心に、ここしばらく大規模なリストラが続いた。日立製作所や東芝など、大手電機メーカー七社が発表した人員削減は、国内外合わせておよそ七万人に達する大規模なものとなった。

バブル崩壊から一〇年間というもの我慢に我慢を重ねて、景気の本格的回復を目前にしてリストラに踏み切るとは、大手企業も先が読めていないのではないかと思うかもしれない。だが、経営者は百も承知である。

では、なぜこの時期に大量の人員整理を行うのか――。

余剰人員をカットするには、不況のいましかないからである。

誰もが「会社が潰れるかもしれない」と思っているから、肩を叩かれてもあまり文句も出ない。景気が回復してしまってからでは、余剰人員の整理ができなくなってしまう。不況を理由にして普段できないことをやってしまおうということなのである。だから、景気が回復する前に駆け込みでリストラに力を入れているのである。

一九九五年に円高が進行したときも、人員整理はなかった。

一ドル八〇円を割り込み、輸出が軒並み採算割れで大打撃を受けたあのときこそ、人員整理しなければならなかったはずである。しかも当時は海外に次々と工場を移転していた時期だから、なおさら国内人員は余るはずだった。にもかかわらず、人員整理をしなかった。要するに、日本の大手企業は、一ドル八〇円でもかなりの抵抗力があったということである。

人員整理の必要がなかったのである。

しかしいま、大企業は何万人単位でリストラをしている。

これは、アメリカにとっては非常にありがたいことである。

日本はこうしたリストラによって、どうしても生産力の回復が遅れる。一方、アメリカの製品はドル安で国際競争力がついている。アメリカからの輸入はどんどん増えていく。これにより、アメリカは不況から立ち上がることができるのである。

マネー立国の大本命として日本はいまこそ立ち上がれ

アメリカは、日本の成長力が回復する前に、できるだけ輸出を増やしておきたいと考えるだろう。そのためには、しばらく円高ドル安傾向が続かなければならない。その一方で、アメリカは日本の株式市場に資金を注入し続け、株価を上げることによって、日本の内需拡大を促進させる。

これにより、円の購買力が強くなり、「バイ・アメリカ（アメリカ買い）」が進む。また、円高、株高になると海外からの投機資金が日本に入ってくるから、さらに株が上がる。よって「バイ・アメリカ」の勢いはますます強くなる。

株高になると債券市場から大量の資金がシフトしてくるので、債券価格は下落し、長期金利は上昇する。先に述べたように、金利高は不労所得を生み、これが消費につながっていく。購買力が飛躍的に伸び、日本経済は完全に好循環となる。

一方、アメリカもドル安基調で輸出競争力がつくので、実体産業の景気はさらによくなっていく。二〇〇二年は、このようにして日本経済もアメリカ経済も、まさにバブル状態になる。

バブルというと顔をしかめる人がいるかもしれないが、今度のバブルは過去のバブルとは質が違う。

前回の日本のバブルは不動産バブルだった。

「不動産価格は右肩上がり」という神話に乗せられ、倍々ゲームで土地の価格が上がっていった。お金はバブルの世界で回っただけである。そして、バブルがはじけたら何も残らなかった。

アメリカのＩＴバブルも、実体産業の軒下を借りていたサービス業がバブル化したに過ぎない。

ＩＴそのものは何も生み出さない。実体産業がさまざまな製品を生み出す手伝いをする技術である。ソフト産業は実体産業の軒下を借りている召使である。実体産業の奴隷と言ってもいいだろう。

アメリカでは、第三章でも述べたように、この召し使い、すなわちＩＴのアイデアやソフトが成長しバブル化する過程でＩＴ技術がしっかり実体産業に吸収された。しかし、日本のＩＴバブルは、うたかたの夢で終わってしまった。何も残っていない。

今度、日本とアメリカに同時に訪れるバブルは、実体産業のバブルである。すなわち、好景気というバブルが消えても、しっかりと物が残るバブルなのだ。

その意味で今回のバブルは「いいバブル」と言うことができるだろう。アメリカの戦争政策により、どうやら日本も好景気の恩恵をこうむることができそうである。しかし、手放しで喜んでもいられない。

実体産業の復活を成し遂げたアメリカは、いずれマネー戦略に転換してくる。何度も言うようだが、アメリカの政治戦略はヤクザと詐欺師を交互に登場させることで成り立っている。ヤクザがその役割を果たしたら、今度は再び詐欺師が、にっこり笑いながらお金を巻き上げにやってくる。

すなわち、クリントン流のマネー戦略がまた登場するということである。

世の中のお金は、儲かるほうへ儲かるほうへと流れる性質がある。まさに「資本の意志」があるが如くである。アメリカがこれを見逃すはずがない。

当然、詐欺師の時代の大統領を登場させて日本の資金をアメリカに引っ張り込み、再びクリントン大統領の時代のようなひとり勝ちを狙ってくることは間違いない。

そうなる前に、今度こそ日本は先手を打たなければならない。日本が先手を打って、アメリカの資金が日本に流れ込むようにすべきである。

アメリカと日本がともにマネー立国として名乗りをあげれば、「資本の意志」はどちらを選ぶだろうか——。

この問いに対する答えは、すでに第三章で出したつもりだ。日本は、安全性と成長性の面ではるかにアメリカをしのいでいる。マネー立国の大本命である日本が、本気になってマネー戦略を推進すれば、「資本の意志」はもはやアメリカなど相手にしないだろう。日本がマネー立国として世界に君臨するチャンスは、このときしかない。

日本の政治家たちは、このことをわかっているのだろうか。

不思議の国ニッポンはどこへ行こうとしているのか

二〇世紀末の世界経済を一人で牽引してきたアメリカがリセッションに向かい、世界は混沌とした状況のまま二一世紀を迎えた。

しかし、世界中でただ一国、この状態を救うことができたはずの日本は無策のまま時間を費やしてしまった。日本は世界の期待を裏切ることになったが、国民も政治家も、そんな期待をかけられていることすら気づいていなかった。

グローバル経済を意識せず、債券市場に放置されている行き場をなくした資金を利用しようという発想もなく、内向きの景気対策だけで乗り切ろうとして、貴重なお金と人材と時間を無為のまま失った。

日本の無為無策に失望したアメリカは中東の戦争を仕掛け、東アジアの軍事的緊張を高めることで、自国の景気回復を図った。アメリカは狙いどおり、同時多発テロで戦争に突入することになった。

これが、前章まで述べた戦争政策のシナリオである。

結局、日本は世界的なイニシアチブを発揮することなく、なんの戦略ももたないまま、何一つ自力で解決することなく、なされるがままで、結局は不況を脱することになる。

世界の政治は、毎日が戦略、陰謀、策略である。そうすることで、この二一世紀まで世界の各国は生き残ってきた。戦後も世界中でただ一国、そんなこととはまったく無縁のまま存在してきたのが日本である。

自国の戦略は何ももたず、アメリカがマネー戦略をとればただお金を奪われるばかり、力の戦略の時代には武器を買えと言われ、法律を改正して軍隊をもてと言われ、そのつどオロオロしながら従う。

世界一のお金持ちの国でありながら世界一不景気で、八〇万円もする靴を買うために並ぶ行列の隣で、二八〇円の牛丼を食べるために列をなしている。しかし、牛丼の列に並んでいる人たちがとくに貧乏だというわけでもない。

このように、世にも不思議な国が日本なのである。

ここで、国家が一体なんのために存在するのかということを、あらためて考えてみることにしよう。

国家は、国民一人ひとりの幸せのために存在している。では、国民の幸せとは何か――。自由に自分のやりたいことがなんでもできて、親兄弟が仲好く暮らせて、お金が余ったら外国に旅行してお金をばら撒いて帰ってくること――これが幸せというのなら、日本人ほど幸せな民族はいないだろう。

自由の糧である現金を八三〇兆円ももっている。現金をもっているということは、自分のやりたいことができる条件が整っているということである。

アメリカは借金王国だから、資産が減ってしまうと、やりたいことができなくなる。片や日本には、年間一七〇〇万人も海外へ観光旅行に出かける人がいる。観光旅行というのは、人にお土産を買って帰るために行くようなものだから、当然、お金を海外でばら撒いてくる。日本の失業率は五・〇パーセントだが、一人あたり一六〇〇万円もの退職金を受け取っているというデータもある。

アメリカの失業者の多くがダンボール生活をしているのとはわけが違う。お金をもっている失業者が増えれば増えるほど、潜在的な消費力や投資資金は増えていくことになる。

こう考えてみると、日本の国民は世界一幸せだともいえる。

そうすると、国民を幸せにするためには、国家は戦略などもたないほうがいいということになる。奪われても奪い返さない。つまり、日本がこれまでやってきたとおりのことをやっていれば、みんなが幸せになるということが証明されたのである。

国家としてなんの政策をもたない日本が、結果として、歴史上もっとも幸せな国になっている。世界の六〇パーセントを占める預金をもち、世界一の外貨保有高があり、世界一の債権国である。さらに、日本の対外資産はいまも増加の一途をたどっている。自国だけでなく外国にある資産も増え続けているのである。

こうした事実は、すべて日本人の幸せを裏づけている。国民を幸せにする政府がいい政府なら、日本政府ほどいい政府はないということになるだろう。

これは将来、人類が歩んでいく過程に、日本が一つの啓示を与えているといえるのではないだろうか——。

資本主義的な考え方では、馬鹿だの無策だのと笑われるかもしれないが、人間の生き方として、われわれがまだ定義付けていない価値観があるのかもしれない。

日本は無意識のうちに、これまで誰も認識しなかったような価値観に向かって生きているのである。

増田俊男（ますだとしお）――時事評論家、国際金融スペシャリスト。慶應義塾大学商学部卒業。東急エージェンシー勤務ののち、74年アメリカンドリームを求め渡米。体当たりでアメリカを知り尽くす。86年からハワイに渡り、先住ハワイアンの復権運動を支援。法廷闘争による広大な土地奪還成功は、93年クリントン大統領の対ハワイアン謝罪声明を導きだした。94年パラオ共和国がアメリカから独立するや、同国会アドバイザーに任命され、同国のオフショア銀行法制定に貢献、同国籍サンラ国際信託銀行会長に就任。著書に『日本はどこまで喰われ続けるのか』（徳間書店）、『沈むアメリカ・浮上する日本』（風雲舎）、『サイバー資本主義』（太陽企画出版）、『負けながら勝ってしまう日本』（PHP研究所）、『アメリカの細胞で日本を見ると、日本の未来が見えてくる』（サンラ出版）、『バブル再来』（アスキー）など多数。月刊『資本の意志』編集主幹。ラジオ番組「増田俊男の本日の目からウロコ」を放送中（月～金：ラジオもりおか他４局）。情報ホームページ『時事直言』(http://masuda.luvnet.com)は2001年後半の戦争・円高を予言、的中させたことでアクセスが急増中。「同時多発テロの真相」等の「直言」が広く注目されている。

ブッシュよ、お前《まえ》もか…

初刷　二〇〇一年十月二十五日
二刷　二〇〇一年十一月五日

著者　増田《ますだ》　俊男《としお》

発行人　山平　松生

発行所　株式会社　風雲舎

〒162-0805　東京都新宿区矢来町122　矢来第二ビル
電話　〇三―三二六九―一五一五（代）
FAX　〇三―三二六九―一六〇六
振替　〇〇一六〇―一―七二七七六
URL　http://www.fuun-sha.co.jp/
E-mail　info@fuun-sha.co.jp

印刷　株式会社　恒亜印刷
製本　株式会社　難波製本

ISBN4-938939-25-8